AF559205

Gabriela Kasperski

YESHI STYLE

ARIS VERLAG

Bibliografische Information der Deutschen Nationalbibliothek:
Die Deutsche Nationalbibliothek verzeichnet diese Publikation in der Deutschen Nationalbibliografie; detaillierte bibliografische Daten sind im Internet über http://dnb.d-nb.de abrufbar.

Mit freundlicher Unterstützung von

«*Einfach Yeshi*» (Band 1 der Yeshi-Reihe) wurde das KIMI-Siegel für Vielfalt in Kindern- und Jugendbüchern verliehen.

1. Auflage

(Ein Unternehmen der Redaktionsbüro.ch GmbH)
Schützenhausstrasse 80
CH-8424 Embrach
www.arisverlag.ch | www.redaktionsbüro.ch

Umschlag und Satz: Lynn Grevenitz | www.kulturkonsulat.com
Coverillustration: Henning Tietz | www.kulturkonsulat.com
Lektorat: Red Pen Sprachdienstleistungen e.U.
Druck: CPI books GmbH | www.cpibooks.de
ISBN: 978-3-907238-20-2

Für Samira

Inhalt

Kamil Karamell

«Yeshi, wir fahren.»

«Nur noch schnell dieses Video. Bitte, Mama.»

«Du wolltest doch mitkommen.»

«Nur noch schnell diesen Move.»

«Ich gehe jetzt, Yeshi.»

Wenn Mama diese Stimme draufhatte, meinte sie es ernst. Mistmistmist. Meine pfefferminzgrünen Turnschuhe waren verschwunden, der Jackenärmel hatte sich verdreht und die Zahnbürste war auf der Flucht. Immer wenn sie mich sah, haute sie ab. Und dabei sollte ich besonders gut putzen, wegen meiner Zahnspange. Ich nahm mir einen zuckerlosen Bonbon und rannte in den Winterstiefeln die Treppe hinunter. Obwohl fast schon Sommer war.

Mama wartete auf mich, sie hatte extra ein Auto gemietet. Wir holten nämlich Papa am Flughafen ab. Meinen Papsipaps, den ich seit einem Jahr nicht mehr gesehen hatte, wegen Corona, ihr wisst schon. Wir hatten nur videotelefoniert. Er würde für zwei ganze Wochen in die

Schweiz kommen und Geschenke mitbringen für mich, so große, dass sie in keinen Zug hineinpassten. Das hatte er mir am Telefon gesagt und seither zitterten mein Flatterherz und mein Grummelbauch vor Aufregung.

«Yeshi, nicht träumen, einsteigen.»

Ich setzte mich neben Mama. Das darf ich, ich bin nämlich sozusagen fast schon bald irgendwie zwölf Jahre alt. Manchmal bin ich auch hundertfünfzig und manchmal dreieinhalb. Ich heiße übrigens Yeshi und Musik ist mein Leben. Ich habe auf Mamas Handy eine Playlist eingerichtet und die zog ich mir rein.

Übermütig ließ ich meinen Tanzfuß übers Armaturenbrett hüpfen. Ich hatte so gute Laune wie seit gestern Abend nicht mehr. Weil ich mir nämlich sicher war, dass Papa geschwindelt hatte, wegen der Riesengeschenke. Die Zeit, in der ich mir Plüschelefanten, Giraffen und Ponys gewünscht hatte, war vorbei. Wobei, so ein echtes kleines Shetlandpony würde ich sicher nehmen. Dass Papa mir eines mitbrachte, konnte ich mir jedoch echt nicht vorstellen.

Sein Geschenk, darauf könnte ich wetten, wäre ganz klein, mit einem glänzenden Display und einer Gravur auf der Rückseite: YESHIS HANDY. Hab ich euch das schon gesagt? Ich habe kein Handy und ich wünsch mir eines. Ganz, ganz megafest. Und sie hatten mir ein Handy versprochen, meine beiden Herzeltern. Papa wollte mich nur reinlegen, er mochte es spannend. Darum hatte er das mit dem großen Geschenk gesagt.

Mama ließ sich von meiner Vorfreude anstecken. Singend fuhren wir über die Autobahn und in die Flughafen-Garage mit den vielen Stockwerken. Ich packte die Willkommenszeichnung, ging voraus und sah mir die Anzeigetafel an. Da stand drauf, ob die Flugzeuge noch unterwegs, verspätet oder gelandet waren.

«Ich kapier es nicht, Mama, hilf mir.»

«Das schaffst du, Yeshi. Du bist schon groß.»

Na ja. Das mit dem Groß-Sein war kompliziert. Ich war gerne groß, wenn Mama mich klein machen wollte, und umgekehrt. Aber bitte, dann würde ich mir halt Mühe geben.

«Der Flug landet um halb zwei», sagte ich, nachdem ich die Anzeigen der An- und Abflüge studiert hatte. «Also jetzt.»

Wie auf Kommando liefen wir zusammen in die Ankunftshalle. Fast rannten wir einen Flugbegleiter um, fast eine Frau mit drei Rollkoffern, fast einen Putzmann. Alles, um rechtzeitig da zu sein. Beim Ausgang kamen uns viele Leute entgegen. Nur kein Papa.

«Mama, er hat es verpasst.»

«Geduld, Yeshi.»

Er kam nicht. Der Mann da war zu dick, der dort zu jung, der hier hatte zu viele Haare.

«Da ist kein Papa.»

«Dann schau besser hin.» Mama legte mir den Arm um die Schulter und zeigte in Richtung einer kleinen Menschengruppe, wo ich tatsächlich jemanden erkannte.

Es war aber nicht Papa. Es war ein Junge, lang wie ein Lauch, mit kurz geschnittenem Silberhaar, engen Hosen und einer Vintage-Trainerjacke.

«Lian!», schrie ich auf und rannte los.

Lian ist mein zweitbester Freund und geht in London auf eine Ballettschule. Ich vermisste ihn fast so sehr wie Papa.

«Hei, Yeshi.» Er steppte zur Seite. «Aufpassen, meine Schulter ist super heikel.»

Ich musste lachen. Das war mein Lian, immer in Sorge um seine Körperteile. «Stefano renkt sie dir wieder ein.»

Stefano ist mein bester Freund. Er hat einen Tattoo-Shop und Zauberhände. Außerdem hilft er mir, wenn ich ganz plötzlich nicht weiterweiß und meine Schmetterlinge mitten im Tanz aufhören. Wie jetzt gerade. Denn mein Blick fiel auf eine Frau. Sie war klein, trug einen Businessanzug, die Haare im Krause-Look und hatte sich bei ihrem Nachbarn eingehängt. Er hatte einen Bart und sah aus wie mein Papa. Er strahlte auch wie mein Papa. Es war mein Papa.

«Papsipaps!»

Mein Sprung war so gigantisch wie der einer Ballerina. Und dann umarmten wir uns. Er musste heulen. Mama auch. Ich fand es übertrieben. Ich meine, warum hatten sie sich scheiden lassen, wenn sie solche Sehnsucht nacheinander hatten? Trotzdem war es schön, von Papa und Mama gleichzeitig gehalten zu werden. So wie früher. Wenn jetzt noch meine Bauchmama und mein

Bauchpapa da wären ... Aber die lebten in Äthiopien und ich kenne sie nicht. Ich bin nämlich adoptiert. Oder *abotiert*, wie ich früher gesagt hätte. Jetzt habe ich es gelernt. Ich verdrehe keine Worte mehr. Fast.

Der Junge fiel mir auf, der neben Lian stand und ihm etwas zuflüsterte. Kannten die sich? Gerade als ich mich aus dem Eltern-Knuddel lösen wollte, erwischte mich Papa. «Hiergeblieben, Yeshi. Darf ich vorstellen, das ist Charlene.» Er legte seinen freien Arm um die Schulter der Frau mit dem Krause-Look. «Sie ist meine Freundin.»

«Deine Freundin? So wie Doro meine viertbeste Freundin ist?»

«Eher so wie Gian Mamas Freund ist.»

«Dann wäre sie ja ein Mann. Ist sie ein Mann?»

Das machte mich neugierig. Ich wusste, dass es Jungs gab, die lieber ein Mädchen wären, und umgekehrt. Oder beides. Manchmal fühlte ich mich neuerdings auch so. Als ob ich nicht wüsste, wer ich wirklich bin. Ein wenig unheimlich.

«Charlene ein Mann?» Papa lachte sein wärmstes Papalachen. «Nein, Yeshi, Charlene ist eine Frau. Es tut mir leid, dass wir dich so überfallen. Eigentlich wollte ich alleine kommen und dir von Charlene erzählen. Aber dann gab's einen Notfall und sie und Kamil sind mit mir gereist.» Papa deutete auf den Jungen neben Lian. «Er ist Charlenes Sohn und freut sich schon auf dich. Ich habe ihm versprochen, dass er dich in der Schule besuchen darf. Was hältst du davon?»

Der Junge grinste dämlich. Er war größer als ich, mit breiten Schultern, die schwarzen Haare waren zu Cornrows geflochten, Zöpfchen, die dicht am Kopf liegen. Er trug dreiviertellange Jeans samt einem Handy in der Tasche, einen Hoodie mit einem Totenkopf und blaue Jordans mit gelben Streifen. Das waren die Turnschuhe, die ich mir fast so sehr wünschte wie ein neues Handy. Und der Junge hatte beides, so wie es aussah. Verwöhnter Typ, fand ich. Ich hätte Papa gerne gesagt, dass ich überhaupt keine Lust auf diese Charlene hatte und noch weniger auf diesen Kamil. Aber die sahen mich alle so blöd an, sogar Mama, dass ich mich nicht traute.

«Er soll mich in der Schule besuchen? Geht leider nicht.» Ich überlegte mir ganz schnell ein Hammerargument. «Unser Lehrer Herr Bernasconi sagt, wir dürfen keine Besucher haben und die Klassen nicht mischen.»

Papa lachte schon wieder so dämlich. «Das war auch in London so, aber es gilt nicht mehr.»

Lian hatte sich neben Kamil gestellt. Er tat so, als ob er gar nicht merkte, dass ich stinksauer war. Hab ich das schon gesagt? In meinem Bauch steckt ein roter Ballon, der zuckt, wenn ich wütend werde. Jetzt gerade zuckte er heftig.

«Deine Mama hat schon alles organisiert», sagte Lian. «Wir kommen beide für einige Tage. Und Herr Bernasconi ist einverstanden. Wir freuen uns riesig.»

Ich sah zu Mama und machte den Funkelstarrblick. Darin bin ich voll die Profifrau. Wie kannst du so was organisieren, ohne mich zu fragen? Aber sie ignorierte mich. Das ist typisch, sie macht Regeln für uns beide, aber nur ich soll mich dran halten.

«Herr Bernasconi findet es eine so tolle Idee, dass er Lian und Kamil gleich für ein Projekt einspannen will. Etwas Länderübergreifendes.»

Das konnte ich mir vorstellen. Unser Lehrer hat immer Ideen im Kopf, fast so viele wie ich. Nach dem Weihnachtsmusical mit Prinzessin Cococelle hatten wir eine Wander-Challenge gemacht und das Klassenzimmer umgebaut.

Trotzdem durfte er nicht diesen Kamil einladen, ohne mich vorher zu fragen. Das war voll asozial.

«Kamil spricht nur Englisch, vielleicht kannst du ihm helfen, du bist doch so gut darin», flüsterte Mama mir zu.

Darauf fiel ich sicher nicht herein. «Wozu?», flüsterte ich zurück. «Lian kann es viel besser als ich. Ich habe keine Zeit.»

Da nahm mich Mama an der Hand. «Du hast dir doch immer einen großen Bruder gewünscht.»

«Und was ist mit meinem Handy?» Ich schüttelte Mamas Hand ab.

In der sechsten Klasse musste ich eines haben, das war sozusagen Vorschrift, sonst hätte ich ja weder *TikTok* noch *Instagram* noch *Snapchat*.

«Papa. Du hast mir doch eines mitgebracht?»

Papa trat zu uns. «Was? Du willst lieber ein Handy als einen Bruder?» Auch er flüsterte.

«Bekomme ich ein Handy oder nicht?»

«Vor den Sommerferien, Yeshi, wie wir es ausgemacht haben.»

«Nice boots.» Eine Stimme unterbrach unseren Flüster-Streit. Kamil. Bislang hatte er nur zugehört. Er sah auf meine Winterstiefel. Die anderen auch.

«Yeshi-Style», sagte Lian. «Winterstiefel im Sommer, das passt zu unserer Überraschung für dich.»

«Ich habe meine Turnschuhe nicht gefunden», sagte ich. «Was für eine Überraschung?»

Als Kamil einen Tanzmove machte, staunte ich. Der hatte es ja wirklich drauf.

«Lian and me, we have a surprise for you and your Tanzfuß. A welcome dance.»

Einen Willkommenstanz als Überraschung? Auf seinem Handy ertönte ein Beat. Kamil machte eine Handbewegung, den Zeigefinger nach unten, und fing an, zu rappen:

«We come from London. Peace for Zurich. Heeeello, sis Yeshi, hello to you and your friends.»

Lian – mein Ballett-Lian (!) – ließ seine Hüfte kreisen und lud alle zum Tanzen ein. Papa und Charlene machten mit, sogar Mama probierte es. Es war so voll peinlich, das könnt ihr euch gar nicht vorstellen.

«Hört auf», schrie ich. «Ich will ein Handy und keinen Bruder.» Und schon gar nicht so einen wie diesen Kamil Karamell. Das dachte ich nur, das sagte ich nicht laut.

Die Krokodilmädels

Am nächsten Tag war ich auf dem Weg zur Schule und mein Wutballon zuckte immer noch. Ein Riesengezucke in meinem Bauch.

Papa, Kamil und Charlene waren gestern zu uns zum Abendessen gekommen, es hatte Pizza gegeben, meine Lieblingspizza. Ich hatte nichts gegessen. Ich war nämlich im Hungerstreik. Aus Protest, weil sie alle aus mir und Kamil beste Freunde machen wollten, ohne mich zu fragen. Und weil Papa und Charlene seit drei Monaten ein Paar waren, ohne mir etwas zu sagen. Zum Umwerfen fies, fand ich. Worauf Papa nichts Besseres zu tun hatte, als mich zu korrigieren.

«Umwerfend heißt das, Yeshi.»

Die pfefferminzgrünen Jordans, die er mir als zweite Überraschung mitgebracht hatte, ließ ich in der Schachtel. Obwohl meine eigenen, die ich übrigens wiedergefunden habe – sie hatten sich im Wäschekorb versteckt –, ein riesiges Loch hatten und total abgelatscht waren. Aber ich ließ mich nicht erpressen, ich nicht. Das Frühstück eben hatte ich auch ausgelassen, und dabei hat Mama mir ein übrig gebliebenes Stück Pizza angeboten. Pizza zum Frühstück? Das darf ich sonst nie. Mein Hungerstreik-Tier hatte ziemlich gesabbert. Aber ich war standhaft geblieben und wollte ein Zeichen setzen, für meinen Protest gegen Kamil und Charlene. Nun hatte ich ein riesiges Loch im Bauch.

Als ich Felix auf seinem Rollbrett sah, rannte ich auf ihn zu. Er geht in meine Klasse, hat welliges Haar, trägt immer sein Skater-Outfit, macht gerne Witze und liebt Games wie *Fortnite* oder *Brawl Stars*. Und er hat auch kein Handy.

Die anderen Mädchen fanden ihn süß. Ich finde, er ist umwerfend cute. «Hei, Yeshi, was geht ab?» Er machte einen Handklatscher.

«Hei Felix, ganz okay. Hast du was zum Essen?»

«Einen Proteinriegel.»

«Uh, seit wann isst du so gesund?»

«Mein Hirn braucht Nahrung.» Er grinste und rieb seinen Bauch. «Und mein Bauch auch.»

Einen Moment überlegte ich, ihm von Charlene und Kamil zu erzählen. Aber es war zu privat.

«Wie spät ist es?», fragte ich stattdessen.

«Schau auf deine Schuhschachteluhr.»

«Die ist stehen geblieben, ich gehe in Stefanos Tattoo-Shop vorbei.» Die Schuhschachteluhr hatte ich von Stefano bekommen, um die Zeit zu lernen. «Am Mittwochnachmittag. Wenn wir frei haben.»

Ich weiß, dass Felix Stefanos Shop mega findet. Da gibt's auch viel zu sehen. Die Tattoo-Werkzeuge, die Farben, Milliarden von Bildern mit Drachen und Elfen und Schwertern, mit Schlangen, Ponys und Elefanten, mit Herzen, Rosen und Schiffsankern. Alles, was sich Leute tätowieren lassen wollen. Felix hätte auch gerne ein Tattoo, aber er war noch zu jung. Stefano war da strikt, erst ab sechzehn und nur mit Einverständniserklärung der Eltern. Und Felix' Mam war voll streng, die würde ihn auch mit hundert noch nicht lassen.

«Magst du mitkommen?», fragte ich.

«Am Mittwoch? Okay.»

OMG! Meine Schmetterlinge tanzten wie blöd. «Sollen wir uns nach der Schule treffen?»

Da schlug sich Felix mit der Hand an die Stirn. «Es geht nicht. Ich muss in den Gymi-Klub.»

«Kannst du den nicht einmal sausen lassen?»

«Nein. Dann verpasse ich etwas. Ich muss für die Übertrittsprüfung lernen.»

Die war erst in ungefähr hundert Monaten. «Warum lernst du jetzt schon dafür?»

«Weil halt. Meine Mama sagt, es ist wichtig.»

«Aber bis nächstes Frühjahr hast du alles wieder vergessen.»

«Mein Dad sagt, jetzt ist besser.»

Es klang nicht besonders überzeugt. Ich konnte Felix gut verstehen. Der Kurs fraß nämlich die ganze Freizeit auf. Er besuchte ihn zusammen mit Paul und den

Krokodilmädels. Ich nenne sie so, weil sie mir mal einen Streich mit einem Plastikkrokodil gespielt haben. Sie üben alle für die Gymi-Prüfung. Machen dauernd Hausaufgaben. Und kommen nie zu spät. Absolutgarniemalsnie.

Plötzlich bemerkte ich, dass Felix nicht nur einen Rucksack, sondern auch eine pralle Schultasche trug.

«Musst du so viel Krempel mitschleppen?»

Felix druckste herum. «Sie gehört Bianca. Da sind ihre Sachen für den Gymi-Klub drin, darum ist sie so schwer.»

«Der ist doch am Mittwoch.»

«Sie übt in den Pausen.»

«Das ist ihr Problem. Wieso trägst du ihr Zeug?»

Ohne eine Antwort zu geben, setzte er sich in Bewegung. Ich folgte ihm. Eine Weile gingen wir stumm vor uns hin.

«Ist dein Papa gestern gekommen?», fragte Felix schließlich. «Hast du jetzt endlich ein Handy?» Felix und ich haben ein Spiel miteinander. Die *Wer-bekommt-zuerst-ein-Handy-Challenge*.

«Ich hab's zu Hause gelassen. Ist mir zu schade für die Schule.»

«Schwindelst du?»

Ich machte meinen Funkelstarrblick. Bis Felix zwinkerte.

«Okay, du hast gewonnen. Aber du hast trotzdem geschwindelt.»

«Leider. Dafür habe ich Turnschuhe bekommen.»

«Jordans?», fragte Felix.

«Jep. Jordans», sagte ich. Sonst hab ich's nicht so mit Schuhmarken. Aber Jordans waren ziemlich cool. Michael Jordan ist ein Basketballspieler und voll mein Vorbild.

«Geil», sagte Felix. «Die stehen dir bestimmt.»

Meine Schmetterlinge machten einen Überschlag.

«Wobei ...» Er sah auf meine Füße, auf meine Turnschuhe, die ich jeden Tag trage und heiß und innig liebe. «Das Loch in deinen abgelatschten Dingern ist legendär.»

Wir gaben uns fünf. Und gleich noch mal. Gerade erhob ich meine Hand zum dritten Mal. Da kamen Anil und Paul angerannt, sie gehen mit uns in die Klasse und sind Felix' beste Freunde. Als sie uns entdeckten, blieben sie stehen und machten große Augen. Stießen sich an.

Felix stürmte auf die beiden zu.

«Hei, ihr Blütschis, was geht ab?»

«Was machst denn du mit Yeshi?», hörte ich Paul sagen.

«Mit wem? Ach so, keine Ahnung. Ich habe auf euch gewartet.»

War es ihm peinlich mit mir? Ein bisschen tat es weh, gleichzeitig verstand ich Felix gut. Ich meine, Jungs und Mädchen sind bei uns ziemlich getrennt. Und wenn, spielen die Jungs mit Doro. Sie ist wie gesagt meine viertbeste Freundin und leidenschaftliche Fußballerin. Dass sie und ihre Gruppe letztes Jahr bei der Jugend-Weltmeisterschaft zweitletzte geworden sind, spornt sie nur noch mehr an.

«Doro!», rief ich, als ich sie sah. Ihr Markenzeichen waren ihre Trainingshose, der Ringelpulli und ihre Mütze, sie besitzt sie in so vielen Farben, wie es Wochentage gibt. Heute trugt sie Violett. Sie dribbelte den Ball und hörte mich auch beim dritten Mal Rufen nicht. Unter dem Mützenrand bemerkte ich die kleinen Kopfhörerstöpsel in ihren Ohren und staunte. «Hast du *Earbuds* bekommen?»

Sie zog den Rotz hoch. «Von Gian.»

Seit Neuestem nennt sie ihren Papa Gian. Sie findet das erwachsen. Ich nenne ihn Zahnfletsch-Gian, aber nur heimlich und nur noch ganz selten. Mehr als ein Jahr schon ist er der Freund meiner Mama. Sie haben es gut und streiten nie. Außer wenn es um Doros Handy geht. Doro hat nämlich eines. Mama findet, Gian verwöhne Doro zu sehr. Fand ich nicht. Ich finde, seine Kinder kann man nicht genug verwöhnen.

«Ist dein Papa angekommen?», fragte sie.

Da Gian und meine Mam ein Paar sind, erfährt Doro alles Mögliche, was bei uns so läuft. Einen Moment überlegte ich, ihr von Kamil und Charlene zu erzählen. Aber meine Schmetterlinge begannen zu rotieren, mein Wutballon zuckte und außerdem kam Javier, der Problemelefant, angewackelt. Javier ist ein Kollege der Argumentmädels und wohnt manchmal in meinem Kopf, manchmal in meinem Bauch. Wenn er auftaucht, wird's brenzlig.

«Du siehst ganz komisch aus.» Doro sah mich aus ihren hellgrünen Augen an. «Hast du Hunger?»

«Ich bin im Hungerstreik.»

«Wieso das denn? Gestern ist doch dein Papsipaps angekommen?»

Das ist ja das Problem, trompetete Javier laut.

Sollte ich es Doro erzählen?

«Was ist, machen wir ein Lauftraining?», fragte ich stattdessen. Diejenigen von euch, die mich kennen, wissen, dass ich nicht nur einen Tanzfuß, sondern auch einen Lauffuß habe. Also eigentlich zwei. Mit denen laufe ich mit dem Wind um die Wette und gewinne meistens. Das will Doro auch, als Stürmerin würde sie am liebsten ein Tor nach dem anderen schießen. Seit einiger Zeit trainieren wir heimlich. Sie bringt mir die Zahlen bei (mit Zahlen habe ich es nicht so) und ich ihr das Laufen. Wir werden beide immer besser.

«Komm, Doro, gleich klingelt es. Einmal zur Betontreppe und zurück.»

Aber Doro wollte nicht. Sie schniefte. «Bin nicht fit heute.»

«Erkältet?», fragte ich.

Doro zuckte die Achseln. «Leih mir mal ein Taschentuch?»

«Doro, du kannst nicht krank in die Schule kommen.»

«Halt die Klappe, K-Girl.»

Bis auf Doro darf mich niemand K-Girl nennen. Es stammt aus einem noch schlimmeren Schimpfwort, das rassistisch, verletzend und gemein ist. Doro und ich wissen das.

«Was ist los, G-Qualle?», fragte ich. Wenn mich Doro K-Girl nennt, antworte ich mit G-Qualle. Es ist ein Ritual zwischen uns.

Sie schniefte erneut. «Ich kann nicht krank werden. Ich habe ein Spiel am Samstag. Es ist megawichtig.»

Doros Spiele waren immer wichtig.

«Was ist daran wichtiger als bei den anderen?»

«Eine Talentscout-Frau kommt vorbei. Vom ZFC.»

Der Zürifußballclub? Das war der beste Fußballverein unserer Stadt.

«Boah, die haben dich angefragt?»

«Voll.» Noch ein Schniefer.

«Dann müssen wir einfach deine Erkältung wegbringen. Was hat Gian gesagt?»

Doro bekam einen Schreck. «Nichts, und das bleibt auch so. Wenn er es hört, muss ich gleich ins Spital.»

Seit Doros Krebs-Krankheit waren ein paar Jahre vergangen. Erst kürzlich war das letzte ihrer Armbändchen, ein Zeichen für Mut und Durchhaltewillen, abgefallen. Auch die Mützen hätte sie nicht mehr gebraucht, ihr Haar war längst nachgewachsen. Und trotzdem hatte Gian immer Angst. Doro nervte das.

«Versprich, dass du die Klappe hältst, Yeshi.»

Ich zögerte. Mit der Gesundheit soll man nicht spaßen, sagen Mama, Papa, Gian und sogar Mo, Tattoo-Stefanos Freundin. Sie kann kaputte Tassen reparieren und zerbrochene Herzen kleben, einfach alles.

«Ich frage Mo», sagte ich. «Vielleicht hat sie ein

geheimes Zaubermittel. Am Mittwochnachmittag gehe ich sowieso bei ihnen im Laden vorbei.»

Doro wollte mir einige Dinkelcracker abgeben.

«Magst du? Trotz Hungerstreik.»

In dem Moment kam Lumi zu uns. Lumi ist die Gescheiteste unserer Klasse, wir nennen sie unser Klassenbrain, außerdem zeichnet sie die besten Mangas der Welt. Sie ist winzig, trägt immer schwarze Sachen, sogar der Rand ihrer riesigen Brille ist schwarz. Ein Viertel ihrer Familie ist aus Korea, ein Viertel aus Japan und die Hälfte aus der Schweiz.

«Hei Doro, hei Yeshi. Mögt ihr einen neuen Song hören?»

Sie ist Fan von Ariana Grande, so wie ich. Sie holte ihr Handy raus und ging auf *TikTok*. Sie versorgt mich mit allen wichtigen Neuigkeiten. Ohne Lumi hätte ich keine Ahnung.

«Die Ariana-Grande-Fans. Voll lame. Ihr tut uns echt leid.»

Vor uns standen die Krokodilmädels, Bianca, Merle und Antoinette. Sie haben alle langes Haar, tragen Leoparden-Outfits und haben Umhängetaschen anstatt Rucksäcken. Bianca ist ihre Anführerin und sie hasst Ariana Grande.

«Lumi, willst du nicht lieber mit uns abhängen? Im Gymi-Klub. Da kommst du nur auf Einladung rein.» Sie grinste. «Ich schick's dir über Snapchat zu.»

Als Lumi die Nachricht las, machte sie große Augen.

«Das kostet zwanzig Franken pro Mal. Wozu?»

«A: Wer bei uns mitmacht, kommt save ins Gymnasium. B: Wir kaufen uns gesunde Snacks und Nüsse für die Pause.»

Ach so, darum hatte Felix einen Riegel dabei.

«Brainfood. Das müsste dir doch gefallen.»

Lumi wehrte ab. «Viel zu teuer.»

«Geizhals», sagte Bianca.

Doro machte einen verächtlichen Laut. Zum Glück klingelte es und wir gingen hinein.

Fasten & Französisch

Herr Bernasconi, unser Lehrer, ist groß mit einem Bart, ein Tessiner, ein Teil seiner Familie stammt aus Italien. Er hat viele Ideen und mag Projekte.

«So lernt ihr fürs Leben, Kinder.»

Aber immer können wir nicht fürs Leben lernen. Ab und zu ist auch die Schule dran. Herr Bernasconi macht das sehr schlau, er sagt uns nie im Voraus, ob heute die Schule angesagt ist oder das Leben. So bleibt es spannend, finde ich.

Mein Bauch grummelte. So laut, dass Herr Bernasconi sich umsah.

«Nanu, knurrt hier ein Hund? Yeshi, hast du Lola-Mops reingeschmuggelt?»

Lola-Mops ist der Hund meiner Oma. Also, nicht meiner richtigen. Aber fast. Lola ist im ganzen Schulhaus berühmt, seit sie bei meinem Musical mitgebellt hat. Noch ein Grummeln.

Doro zwinkerte mir zu. «Willst du den Hungerstreik nicht aufgeben?»

Sie hatte ganz leise geflüstert. Das Doro-Wispern, das nur ich verstand. Am liebsten hätte ich ihr endlich von dem missglückten Pizzaabend und von Kamil erzählt. Aber da klatschte Herr Bernasconi in die Hände.

«Kinder, diese Woche haben wir viel vor.»

Das hieß, dass er uns eine Tonne Tests in Mathe, Deutsch und Französisch ansagte. Nachdem er alles an die Tafel geschrieben hatte, stießen sich Bianca und die Krokodilmädels an. Sie finden es gut, wenn wir viel lernen müssen. Die Lebensdinge mögen sie nicht. Darum waren sie auch ziemlich sauer, als Herr Bernasconi anstatt über Zahlen über religiöse Bräuche sprechen wollte.

«Religion & Kultur ist erst am Donnerstag dran», murrten sie.

«Dann ziehen wir es eben vor. Zählt mir mal alle religiösen Bräuche auf, die ihr kennt.»

«Was ist das?», fragte Felix. «Gehört da Gamen auch dazu?»

«Weihnachten, Ostern», sagte ich. «Und Geschenke. Da kann man sich alles Mögliche wünschen.» Ich sah zu Felix. «Games und Handys.»

Herr Bernasconi war nicht erfreut. «Nicht reinquatschen, Yeshi. Sonst kriegst du einen Eintrag.»

Keinen Eintrag bis zu den Sommerferien, das hatte ich Mama versprochen.

«Wie kann ich es wiedergutmachen?», fragte ich schnell.

«Indem du noch andere Bräuche nennst.» Herr Bernasconi nahm ein Stück Kreide und stellte sich an die Tafel.

Klar doch. «Beerdigung, Hochzeit, *Konmirfation.*»

Bianca korrigierte. «Konfirmation.»

Sie kann es nicht leiden, wenn ich Buchstaben verdrehe. Habe ich euch das schon gesagt? Die Buchstaben tanzen manchmal Hip-Hop in meinem Mund.

«Die Erstkommunion ist auch ein wichtiger Brauch.»

«Prima, Bianca», sagte Herr Bernasconi und schrieb alles auf.

Ich schnippte mit den Fingern. «Taufe. Hab ich vergessen. Und dabei ist die wichtig.»

«Finde ich auch.» Er nickte. «Schauen wir uns die Taufe an. Der Beginn des Lebens. Wie läuft das genau ab?»

Einige Hände schossen hoch. Felix kam dran. «Dafür geht man in die Kirche und schüttet den kleinen Kids Wasser über die Rübe.»

Alle lachten, Bianca am lautesten. Ich sah, dass sie Felix megasüß fand.

Herr Bernasconi nickte. «Wasser ist ein wichtiges Element für die Taufe. Im Christentum. Wisst ihr, wie das in den anderen Religionen aussieht?»

Bianca meldete sich schon wieder als Erste, hatte jedoch keine Ahnung.

Nur Lumi wusste Bescheid. «In keiner anderen Religion wird die Taufe so gefeiert. Da kommen die Leute sozusagen schon heilig auf die Welt, bei den Christen müssen sie dafür kämpfen.»

«Gut gebrüllt, Lumi.» Herr Bernasconi nickte ihr zu. «Wie heißen denn die fünf großen Religionen?»

«Christentum, Hinduismus, Buddhismus, Islam und Judentum», ratterte ich die Namen herunter.

Mama hatte so ein spannendes Buch aus dem Verlag, in dem wird kleinen Kindern das ganze Religionszeug erklärt. Ich schaue es mir total gerne an. Bis heute, obwohl ich schon groß bin.

«Kennt ihr denn ein Ritual, das in allen Religionen vorkommt?»

«Ich glaube, das Fasten», sagte ich.

«Prima, Yeshi», sagte Herr Bernasconi. «Kannst du erklären, was das ist?»

Das konnte ich heute besonders gut. «Das ist, wenn der Bauch so leer ist, dass er grummelt.»

«Na ja, die Fastenzeit ist im Christentum vor Ostern und dauert lang, vierzig Tage», erklärte Herr Bernasconi. «Darum isst man nicht nichts, sondern einfach nicht so viel und auch nicht alles und nur zu besonderen Zeiten.»

«Stimmt nicht. Meine Mama hat das ganze Jahr über Fastenzeit», sagte ich. «Dann kocht sie für sich einen Berg Salat und klaut mir trotzdem ein Stück von meiner Pizza.»

«Salat kocht man nicht», sagte Bianca.

«Und wie sieht es bei euch aus», fragte Herr Bernasconi und wandte sich an Paul, «im jüdischen Glauben? Wie lange dauert die Fastenzeit bei euch?»

«Wir fasten an Jom Kippur. Dauert einen Tag und eine Nacht.»

«Bei uns heißt das Ramadan», sagte Anil. «Dauert

dreißig Mal einen Tag. Da isst und trinkt man tagsüber nichts.»

«Nicht mal Wasser?», fragte ich.

«Eigentlich nicht», sagte Anil. «Meine Eltern machen das so. Aber wir machen Kinderfasten. Nur zwischen den Mahlzeiten.»

«Trinken ist ausgesprochen wichtig», sagte Bianca. «Ich finde das sehr schädlich. Sie nicht, Herr Bernasconi?»

Er überlegte. Das mag ich so an ihm. Dass er manchmal nachdenkt und zugeben kann, dass er gar nicht alles weiß.

«Natürlich ist Trinken wichtig. Der Mensch kann eine ganze Weile ohne Essen überleben. Ohne Trinken geht es nur drei Tage. Dass jemand beim Ramadan verdurstet, habe ich allerdings noch nie gehört. Es ist eine jahrhundertealte Tradition. Ich denke, die Muslime wissen schon, wie sie das einsetzen sollen.»

Bianca meldete sich erneut. «Muslime sind ja bei uns eine Minderheit. Wir sollten von den Christen sprechen. Meine Oma lebt in Apulien. In Santa Margerita. Sie isst in der Fastenzeit kein Fleisch, keine Milch und keinen Käse. Am Ostersonntag gibt's dafür Nudeln, Lamm und Bratkartoffeln.»

Nun kam Antoinette dran. «Mein Opa isst keinen Zucker und dafür an Ostern eine ganze Colomba. Einen Kuchen aus süßem Teig in Form einer Taube.»

«Wir haben den größten Schokohasen», sagte Paul.

«In Japan fastet man nicht. Wir essen einfach nie zu

viel. Mal süß, mal salzig, immer im Kreis rum.» Das kam von Lumi.

«Bei uns essen wir alles zusammen und dazu eine Tonne Schokoeier. Ein richtiges Fress-Fest», rief Felix. «Legendär.»

Herr Bernasconi klatschte. «Danke für diese kulinarische Reise durch das Fastenbrechen. Wenn ich richtig gezählt habe, gibt es in unserer Klasse Vertreter von vier Weltreligionen: Buddhismus, Judentum, Christentum und Islam.»

«Was ist mit den Vertreterinnen?», fragte ich.

Herr Bernasconi schlug sich an die Stirn. «Entschuldige, Yeshi. Trotzdem sollst du nicht reinquatschen. Also, liebe Vertreterinnen und Vertreter der Weltreligionen, genug gelernt fürs Leben. Nun gehen wir zu Französisch über.»

Nachdem er uns ganz viele Karten zum Wörterlernen verteilt hatte, projizierte er zum Schluss, als es um die Hausaufgaben ging, eine Zeichnung an die Wand.

Es war ein Baum und an den Ästen hingen französische Worte wie *Papie, Mamie, Papa, Maman, Sœur, Frère*. Also Opa, Oma, Papa, Mama, Schwester, Bruder.

«Ist das ein Familienbaumstamm?», fragte ich.

Herr Bernasconi musste total lachen und vergaß, mir fürs Reinplappern den angedrohten Eintrag zu geben.

«Das ist eine sehr kreative Wortverdrehung, Yeshi. Ihr sollt bis nächste Woche einen solchen Familienstammbaum zeichnen. Gerne mit Großeltern drauf, vielleicht sogar mit den Urgroßeltern. Wenn ihr Hilfe braucht, fragt eure Eltern.»

Keine Ahnung wieso, aber meine Augenblätter wurden ganz nass. So nenne ich die Klappdeckel auf den Augen. Blätter ist doch netter als Deckel.

«Weinst du, Yeshi?», wisperte Doro.

«Nein, sicher nicht. Ein Schmetterling ist mir ins Auge geflogen. Und du? Deine Nase läuft.»

Sie schniefte. «Ist der Heuschnupfen.»

Niemand hatte etwas bemerkt. Denn in der ganzen Klasse ging das große Diskutieren los.

«Alles auf Französisch?», fragte Lumi. Französisch mag sie nicht.

Herr Bernasconi nickte. «Wenn ihr ein Problem habt, schickt mir eine Mail.»

Herr Bernasconi legt viel Wert darauf, dass wir ihm mindestens einmal pro Woche eine Mail schreiben. Er nennt das Medienkompetenz. Das Wort hat er so lange mit mir geübt, bis ich es konnte. Wir sollen die Werkzeuge beherrschen, findet er. Jedes Kind hat eine eigene Mailadresse. Da schnippte Bianca mit den Fingern. «Meine Familie ist riesig. Ich habe Tonnen von Cousins und Cousinen. Dürfen die alle mit drauf?»

Herr Bernasconi fand das super. «Je mehr, desto besser. Ich will bunte wilde Familienstammbäume sehen.»

Code Stefano

Zu Hause entdeckte ich eine Tüte mit Zimtschnecken von Mama. Die sind mein absolut liebstes Lieblingslieblingsessen, sie duften nach Zimt und Zucker. Trotzdem widerstand ich. Ihr wisst: der Hungerstreik. Ich packte die Hausaufgaben aus und setzte mich an den Küchentisch. Immer montags bin ich allein, Mama kommt spät nach Hause und stellt mir eine Überraschung hin für nach der Schule. Früher war ich meist bei der Mops-Oma und bei Lola-Mops. Ich besuche sie gern, aber zu Hause ist es auch cool. Wenn Mama weg ist, habe ich nämlich meine Ruhe. Ich bin ja kein Baby mehr, im Gegenteil, ich kann super für mich sorgen. Nur jetzt gerade fühlte ich mich einsam. Ob Mama nicht nur Gedankenleserin, sondern auch eine Hellseherin war? Als ob sie vorausgeahnt hätte, wie ich mich fühlte, hatte sie mir nämlich einen Zettel hingelegt.

Yeshi, ruf Papa an, stand da. *Er, Charlene und Kamil sind in der Stadt unterwegs. Sie würden sich total freuen, wenn du sie triffst, mit ihnen ein Eis isst und ihnen deine Lieblingsparks zeigst.*

Hab ich es euch schon gesagt? Ich liebe Parks. Und in Zürich gibt es jede Menge. Früher haben Mama und ich am Wochenende oft eine Parkjagd gemacht. Und Eis liebe ich natürlich auch.

Dennoch rief ich Papa an und sagte ab, weil ich ganz viele Hausaufgaben machen müsse, in Mathe, Deutsch und Französisch. Das sah er ein. Er wollte mich dafür später besuchen.

«Allein?», fragte ich. «Nur du und ich und Mama?»

Er versprach es. In der Wohnung war es so still, dass ich den brummenden Kühlschrank hörte.

Mal diesen Baumstamm, Yeshi, dann ist es erledigt, vernahm ich die Funk-Handy-Mama-Stimme in meinem Kopf. Ich weiß immer noch nicht, wie sie es macht, dass ich sie hören kann, obwohl sie nicht da ist.

Also setzte ich mich erneut an den Küchentisch und zupfte das Arbeitsblatt für den Familienbaumstamm hervor. Dann holte ich Stifte. Erst spitzte ich sie. Dann sortierte ich sie nach Farben. Dann musste ein Radiergummi her. Und ein Glas Wasser. Eigentlich zeichne ich total gerne, am liebsten Mangas. Das hat mir Lumi beigebracht. Meine Zeichnungen drehten sich alle um ein Mädchen namens Alva. Sie hat schwarzes Haar und einen Feuerstrahl auf der Stirn. Sehr gerne würde ich diese Geschichte weiterzeichnen. Und nicht diesen Baumstamm, darauf hatte ich keine Lust. So sah er auch aus, als ich fertig war. Er war zwar groß, mit vielen Ästen. Aber die waren total kahl, bis auf drei Blätter. Papa, Mama und ich.

Ganz unten in die Ecke hatte ich meine Sockenponys hingezeichnet, Svenja, Inchie und den dicken Louis. Sie sind aus Haselstecken und alten Stinkesocken gebastelt und verstauben in einer Ecke meines Zimmers. Zum Glück hatte ich sie nicht weggeschmissen, denn nun konnte ich sie brauchen.

Der Kühlschrank brummte immer lauter. Gleich würde er mich wegpusten. Die Uhr zeigte 17 Uhr. Bis meine Eltern kämen, würde es noch zwei Stunden dauern. Ich klappte Mamas Laptop auf, kontrollierte mein Schulmailfach und tippte *Neue Nachricht* an.

Lieber Herr Bernasconi, ich kann keinen Familienbaumstamm zeichnen, weil meine Familie viel zu klein ist. Meine Eltern sind uuuralt, meine Mama ist fünfzig, mein Papa ist noch älter, sie sind geschieden. Meine Großeltern sind gestorben. Die Mops-Oma ist nicht meine richtige Oma, und die Sockenponys zählen vermutlich nicht. Ich las die Mail durch. Dann löschte ich sie. Mein Bauch grummelte. Als ich in eine Zimtschnecke beißen wollte, wurde mir schlecht. Immerhin, das Hungerstreik-Tier applaudierte.

Plötzlich hatte ich eine glitzerluftige Idee. Wieso war ich nicht schon früher draufgekommen?

Ich würde nicht bis zum Mittwoch warten, ich würde Stefano und Mo jetzt besuchen. Ich packte die Zimtschnecken-Tüte. Im Flur stand die Schachtel mit den neuen Turnschuhen. Ganz schnell schlüpfte ich hinein. Und gleich wieder hinaus. Nein, ich lasse mich nicht kaufen. Im Treppenhaus traf ich auf unsere Nachbarin von unten und half ihr, einen Karton nach unten zu tragen.

«Ich ziehe um, Yeshi», sagte sie. «Die Wohnung ist zu groß geworden.»

«Und wer zieht da ein?», fragte ich. Im ganzen Haus gab's außer mir keine Kinder. Es wäre cool, wenn ich nicht mehr allein wäre.

«Ich habe keine Ahnung, da musst du die Verwaltung fragen.»

Die Verwaltung. Das klang streng. Ich würde Mama bitten, das zu übernehmen. Dann ging ich zum Klusplatz, fuhr mit der Tram ans Bellevue unten beim See und rannte den ganzen Weg durch die Altstadt bis zu Stefanos Tattoo-Shop. Durchs Schaufenster winkte ich ihm zu. Sogleich fühlte ich mich wie zu Hause.

Wieso ein Erwachsener mein allerbester Freund ist, wollt ihr wissen? Weil er als Einziger versteht, wie es ist, wenn man immer auffällt. Bei mir ist es die Hautfarbe, bei ihm sind es die Tattoos. Sein ganzer Körper ist tätowiert und Piercings hat er auch.

«Wir sind eben anders, Yeshi», sagt er. «Und das ist voll okay. Code Stefano.»

Den Code Stefano hat Stefano erfunden. Fast immer, wenn mein Javier-Elefant ein neues Problem anschleppt, weiß der Code Stefano einen Rat. Er ist auch der Einzige, der den Wutballon bekämpfen kann. Wenn er nicht nur zuckt, wie jetzt, sondern explodiert, dass die roten Fetzen fliegen und es schwierig wird für mich, sodass Mama und Papa verzweifeln. Stefano findet es easy.

«Das schaffen wir, Yeshi», sagt er. «Mit dem Code Stefano kriegst du jede Situation in den Griff.»

Zum Beispiel, wenn mich jemand fragt, woher ich komme. Wegen meiner Hautfarbe denken die Leute, ich wäre aus Afrika und zu Besuch hier oder geflüchtet oder aus dem Gefängnis abgehauen. Darum sprechen sie mich auf Englisch an.

«Where do you come from?»

«Aus Zürich», sage ich.

«Aber wirklich?»

«Hottingen.» Das ist unser Quartier.

«Ich meine, woher du wirklich kommst.»

«Hab ich doch gesagt.»

Dann mache ich meinen Funkelstarrblick und die Leute halten die Klappe. Ich weiß nicht, was ich ohne den Code Stefano machen würde.

«Na los, was stehst du so rum? Komm, Yeshi.»

Stefano winkte mich herein. Er war gerade dabei, einen winzigen Drachen auf eine Schulter zu tätowieren. Die Schulter gehörte zu einer Frau. Sie lag auf dem Bauch, darum konnte ich ihr Gesicht nicht sehen.

Stefano stellte uns trotzdem vor.

«Yeshi, eine Freundin. – Livia, eine Stammkundin.»

Sie hatte fast den ganzen Rücken voller Tattoos.

Stefano deutete auf eine Stelle bei der Taille. «Noch eine Zeichnung, bis alles voll ist. Der letzte freie Platz ist dann weg.»

«Was kommt da drauf, Livia?», fragte ich und trat

näher. «Nach dem Drachen, meine ich?»

Sie wusste es nicht. «Etwas Besonderes, auf jeden Fall. Für Tipps bin ich dankbar.»

Meine Vorschläge kamen bei ihr nicht an, weder Lola-Mops noch einen pfefferminzgrünen Turnschuh fand sie gut. War ja auch eine sehr persönliche Entscheidung.

Ich schaute ein bisschen beim Tätowieren zu. Bis mein Fuß zuckte. «Stefano?»

«Hm?»

«Die Schachteluhr ist stehen geblieben. Kannst du sie flicken?»

«Aber klar doch, Yeshi. Sobald der Drache faucht.»

Normalerweise hätte ich gelacht.

«Es ist so ...»

«Hm.» Stefano schnalzte mit der Zunge. «Da ist was im Busch. Lass mich raten. Javier ist aus seiner Ecke gekommen.»

Stefano konnte Gedanken lesen, so gut wie meine Mama. Er kennt Javier gut. Er hat ihn nämlich erfunden.

«Voll. Darf ich dir mein Problem erzählen?»

«Wenn der Pupser da mithören darf ...» Stefano zeigte auf den Drachen. «Schau mal, wie er seine Öhrchen spitzt.»

Auch darüber hätte ich sonst gelacht.

«Wir müssen einen Familienbaumstamm machen.» Ich holte die zerknitterte Zeichnung aus meinem Rucksack. «Ich habe nur drei Blätter. Aber ich brauche viel mehr.»

Im Gegensatz zu Stefano verstand Livia sofort, was ich meinte. Sie erzählte, dass sie neun Geschwister hatte und auf ihrem Familienbaumstamm hundertzweiundvierzig Blätter drauf waren, jedes Blatt war ein Mensch. «Dein Baum sieht viel zu mager aus. Da lachen dich die anderen Kinder ja aus.»

Sie hatte das Problem erkannt. Auch Javier trompetete laut.

«Yeshi braucht definitiv mehr Leute. Mal mich mit drauf, am liebsten in einem schön saftigen Grün», sagte Livia. «Ich könnte deine Patentante sein.»

Nun hatte auch Stefano kapiert. «Du kannst mich als oranges Blatt malen. Zu früh verfärbt. Ich bin ja eine Art Onkel von dir, und das Zauberwesen, das sich da hereinschleicht, ist deine Tante.»

Mo und die Gen-Tiere

Mo stieß einen Freudenschrei aus. «Yeshi, dich habe ich bestimmt hundertundein Jahr nicht mehr gesehen.»

Mo ist Stefanos Freundin, Sängerin und Zauberin.

«Und ich dich erst.»

«Gerade hat mich deine Mama angerufen.»

«Warum?», fragte ich.

Aber bevor Mo antworten konnte, stieß ich einen noch lauteren Schrei aus als Mo eben.

«Hast du zu viele Zimtschnecken gegessen?» Ich starrte auf Mos Bauch.

«Ich bekomme ein Baby», sagte sie. Dabei strahlte sie wie Doro, wenn sie ein Tor geschossen hat.

«Wirklich?» Ich war platt. «Wann? Ein Mädchen? Einen Jungen? Zwillinge?»

«Bin ich so dick geworden?»

«Ich will unbedingt Patin werden. Und doppelt ist besser als einfach.»

Mo grinste und erzählte mir von ihrem Baby, bis Stefano fertig war mit der Zeichnung vom Drachenpups. Er legte seine Werkzeuge weg, zog die Plastikhandschuhe aus, wusch sich die Hände, kam zu uns und strich Mo über den Bauch.

«Ob das Baby dann auch tätowiert ist?», fragte ich.

Stefano schmunzelte. «Nein, das kann man nicht vererben.»

«Wer ist ‹man›?»

«Na, ich.»

«Dann kann das Baby auch nicht singen. So wie Mo. Kann ‹man› das auch nicht vererben?»

«Singen schon. Das steckt in den Genen.»

Das interessierte mich. «Was genau sind Gene?»

Ich hatte das Wort schon oft gehört, aber nie genau verstanden.

«Gene? Tja, das ist kompliziert. Frag deine Eltern.»

«Hab ich schon versucht. Wenn ich Mama danach frage, hat sie entweder keine Zeit oder sie muss gerade los und findet, ich solle Papa löchern.»

«Dann musst du vielleicht ein wenig Geduld haben, Yeshi.»

«Wieso?»

Stefano schwieg und begann, die Schachteluhr zu flicken.

«Bitte, Stefano», bettelte ich. «Du erklärst mir doch sonst immer alles.»

«Na, Gene sind ...» Er blickte zu Mo. «Schatzi, mach du mal.»

«Soso.» Sie gab ihm einen Kuss. «Da weiß der große

Drachenmaler nicht mehr weiter.»

«Sieh mal, Yeshi.» Sie ging zum Tisch, nahm ein Blatt Papier und zeichnete einen Klecks. «Das ist eine Zelle. So eine ist in meinem Bauch entstanden, als ich schwanger wurde.»

Wie das gegangen war, wusste ich genau.

«Ihr hattet Sex, Stefano und du, das musst du mir nicht erklären.»

«Na, dann ist ja gut», sagte Mo.

«Was ist jetzt mit der Zelle?»

«Da drin ist ein Kern. Wie beim Apfel.»

«Oder den Zimtschnecken.»

Mo nickte. «Im Kern gibt's viele Figuren. So viele, wie es Buchstaben gibt. Mit Beinen und Armen.»

«Babys?»

«Viel kleiner. Und ohne Kopf.»

Kopflose Gene. «Die können nicht denken?»

«Irgendwie schon, sie ticken nur anders. Sie sammeln ganz viele Informationen, die sie von der Zelle abbekommen. Und aus denen wird der Mensch gebaut. Zehen, Finger, Bauch, Rücken und das Hirn. Ein Hirn voller Informationen.»

Mo malte eine verdrehte Leiter-Schlange um die Arme und Beine. «Hier werden die Informationen von beiden Eltern gemixt. Von der Mutter und vom Vater.»

«Das heißt, aus diesen Gen-Tieren entsteht das Baby. Und es gleicht in manchem seiner Mama und in anderem seinem Papa.»

«So ungefähr», sagte Mo.

«Kann man da auswählen? Wie im Einkaufsladen?»

«Schön wär's. Bitte zweimal Glück und keinmal miese Laune.» Mo lachte. «Nein. Man bekommt, was man bekommt.»

«Eine Art Überraschungs-Ei.»

Livia, die sich hinter einem Vorhang umgezogen hatte und nun zu uns trat, holte ihr Portemonnaie hervor.

«Stefano, du kannst schon mal üben für nächstes Mal. Mein letzter freier Rückenplatz bekommt Yeshis Gen-Tier.»

Nachdem sie bezahlt hatte und gegangen war, plumpste Mo schwer auf den Tätowier-Sessel.

«Die Gen-Tiere haben mich völlig erledigt. Kochst du uns einen Tee, Yeshi? In letzter Zeit brauche ich Gallonen von Tee.»

Ich fühlte mich sehr erwachsen, ging in die kleine Küche, machte den Wasserkocher an und mischte Pfefferminztee mit Kamille.

«Glitzerluftig, Yeshi. Ist gut fürs Baby», sagte Mo später und nahm einen Schluck.

«Mögen Babys keinen Kaffee?»

«Nicht zu viel. Auch mit Alkohol muss man aufpassen.»

Darüber musste ich nachdenken. «Mama jammert jeden Morgen, dass sie zu viel Kaffee trinkt. Denkst du, eines ihrer Gen-Tiere ist kaffeesüchtig?»

«Möglicherweise», sagte Stefano.

«Das heißt, bei mir kämpft jetzt Mamas Kaffee-Gen-Tier gegen Papas Tee-Gen-Tier?»

«Und die Frage ist, wer gewinnt.» Stefano schüttelte seine Nasenpiercings. «Der Kampf der Gen-Tiere.»

«Vielleicht kann mein Wutballon darum keine Ruhe geben. Der kämpft und kämpft und kämpft.» Noch etwas fiel mir ein. «Jetzt weiss ich warum ich mich manchmal so steinfelsbetonhart fühle. Mama hat mir ihr Stur-Gen-Tier vererbt.»

Stefano biss in eine Zimtschnecke und kam vor lauter Kauen nicht zum Antworten.

«Und von Papa habe ich das Ausflugs-Gen. Er will immer raus, nie mal gemütlich zu Hause ein Buch lesen. Das hat Mama so geärgert, dass sie sich getrennt haben.» Meine Schmetterlinge fingen an zu flattern. «Kann man diese Gen-Tiere auch umbauen? OMG.» Und dann hatte ich die Krass-Idee. «Mama und Papa kämen wieder zusammen. Gians Gen-Tiere könnten Charlene gefallen, dann wären sie ein Paar.»

«Und was machst du mit Doro und Kamil?», fragte Mo.

«Wieso weißt du von Kamil?» Ich starrte Mo an.

«Du kennst ihn doch gar nicht. Auch Charlene nicht. Du hättest fragen sollen, wer sie sind.»

«Hast du nicht von ihnen erzählt?»

«Hab ich nicht. Mo, hast du etwa mit Mama gesprochen?»

Das war ja das Allerletzte. Hatte sie mich verpetzt?

Mo setzte sich zu mir. «Es tut mir leid, Yeshi. Ich hätte es dir gleich zu Beginn sagen sollen. Deine Mama hat mich nicht einfach so angerufen, es ging um Kamil. Sie macht sich große Sorgen. Sie sagt, dass du sonst so offen bist, das offenste Mädchen der Welt. Und sie versteht nicht, warum du dich mit ihm nicht verstehst.»

«Nur weil Kamil dieselbe Hautfarbe hat wie ich, müssen wir uns ja nicht verstehen», rutschte es mir heraus.

Stefano und Mo sahen sich an. Plötzlich schämte ich mich schrecklich.

«Es tut mir leid, ich weiß auch nicht, warum ich so fies bin. Kamil hat mir nichts getan ...»

«... außer dass er Charlenes Sohn ist und dir die beiden deinen Papa stehlen. Stimmt's, Yeshi?»

Stefano hatte es verstanden.

«Voll», sagte ich.

«Yeshi», sagte Mo. «Menschen kann man nicht stehlen.»

Das wusste ich auch. Trotzdem war es kompliziert. Ich blinzelte. Auf keinen Fall wollte ich hier losheulen.

Da mischte sich Stefano wieder ein. «Mir scheint, es gibt zwei Probleme. Beide auf einmal lösen ist zu viel. Das schafft kein Mensch. Mein Vorschlag ist: Erst mal essen wir alle zusammen die Tüte Zimtschnecken auf. Dann gehst du heim zu deinen Eltern und ihr malt zusammen den Familienbaumstamm. Einen bunten, großen, vielfältigen Baum. Und wer weiß, vielleicht bekommt Kamil ja auch einen Platz darauf.»

War Stefano verrückt geworden? Niemals käme Kamil auf meinen Baumstamm. Trotzdem bedankte ich mich für die reparierte Uhr und aß drei Zimtschnecken. Es schmeckte zu gut. Das Hungerstreik-Tier verzog sich. Auf dem Heimweg hatte ich die glitzerluftigste Idee ever.

Der Familienstammbaum

«Mama, ich brauche ganz viele Blätter», schrie ich, als ich durch die Tür kam. «Bis jetzt habe ich nur drei. Dich, Papa und mich. Die Baumstämmler müssen aber nicht unbedingt leben, das hatte ich total vergessen.»

Mama sah mich verwirrt an. «Was für Baumstämmler meinst du, Yeshi? Mo hat eben angerufen. Es tut mir leid, dass wir über dich gesprochen haben. Aber ich wusste mir nicht mehr zu helfen, weißt du. Es geht nicht, dass du Kamil ignorierst, er ist unser Gast und ...»

«... er ist Schwarz wie ich, ich weiß.»

Mama klappte den Mund zu.

«Gib mir einfach etwas Zeit, Mama.»

«Aber ...»

«Es kommt nicht auf die Hautfarbe an, das sagt ihr mir sonst auch immer. Code Stefano.»

Mama schwieg. «Okay», sagte sie nach einer Weile. «Tut mir leid, Yeshi. Ich finde dennoch, du könntest ihm eine Chance geben.»

«Mama! Hausaufgaben gehen vor!»

Mama gab nach. Irgendwo ist bei ihren Gen-Tieren so ein süßes kleines friedliches und das hatte sich gerade durchgesetzt.

«Also gut, wir vertagen das Problem auf morgen. Was ist jetzt mit dem Baumstamm?»

Ich erklärte ihr Herrn Bernasconis Aufgabe. «Kannst du mir alles über meine Familien-*Ahnungen* erzählen, bitte?»

«Ahnen heißt das, Yeshi.»

«Egal, dann halt Ahnen. Wo sind unsere Ahnen, Mama?»

«Im Keller.» Mama war eigentlich müde, das merkte ich genau. Trotzdem stieg sie in den Keller hinunter, um die Familienalben nach oben zu holen. Das sind vergilbte Bücher mit Fotos drin. Von mir gibt's nur ein einziges, das liegt neben Mamas Bett und ist ihr Heiligtum, wie sie sagt.

«Danach habe ich nur noch Handyfotos gemacht, eine Abermillion Yeshi-Bilder. Sollen wir dir ein paar ausdrucken?»

«Du hast es nicht verstanden», sagte ich und blätterte durch ein Album, als wir zusammen auf dem Sofa saßen. «Ich brauch die Fotos von meinen Ahnen für den Familienbaumstamm.»

«Das ist eine blöde Hausaufgabe. In welchem Fach habt ihr das?»

«In Französisch. Und bitte ruf den Herrn Bernasconi nicht an.» Ich kannte meine Mama und machte den

Funkelstarrblick. Bis sie zwinkerte.

«Ich will das machen, so wie alle anderen auch. Also, wer ist das, Mama?» Ich deutete auf das Bild einer Frau. «Deine Oma?»

Mama nickte. «Deine Uroma Maria. Sie war sehr toll.»

Auf dem Foto saß eine Frau mit grauem Haar im weißen Kittel hinter einer altmodischen Schreibmaschine.

«Meine Uromaria. War sie Lektorin, wie du?», fragte ich.

«Nein», sagte Mama. «Uromaria war Stenotypistin in einem Krankenhaus. Aber zu einer Zeit, wo nicht viele Frauen gearbeitet haben. Manchmal hat sie mit deinem Uropa Fritz getanzt. Er war Coiffeur. Von ihm hast du den Tanzfuß.»

Ich schaute mir Uropa Fritz sehr genau an, wie er mit einer Zigarette im Mundwinkel in die Kamera blinzelte. Er hatte winzige Falten, eine riesige Brille. Und ein sehr nettes Lachen. Es gab auch ein Foto von den beiden beim Tanzen. Er war ein wenig kleiner als sie, es sah aus, als tanze er um sie herum. Sie hatte einen Bauch, fast so wie Mo.

«War da Uromaria schwanger mit deiner Mama?»

Mama nickte leicht. Ihre beiden Eltern sind gestorben, darüber spricht sie nicht so gerne.

«Und Papas Eltern?», fragte ich.

«Die Geschichte kennst du doch, Yeshi. Papa ist ein Nachzügler. Sie sind schon gestorben, bevor Papa und ich uns kannten. Dafür hat er drei Brüder und zwei Schwestern.»

«Wieso besuchen wir die eigentlich nie?»

Mama stand auf. «Papa kommt gleich. Frag ihn doch selbst.»

Als hätte er es gespürt, kam er rein.

«Papsipaps!»

Wir aßen die übrig gebliebene Pizza von gestern, Mama ihren Salat, wir sprachen von allem, nur nicht von Kamil, und später kuschelten Papa und ich auf dem Sofa und er zeigte mir Fotos seiner Geschwister auf dem Handy. Am besten gefiel mir meine kleine Cousine Maffy. Auf dem Foto sah sie süß aus, mit hellen Kringellöckchen und einem gestreiften Pyjama.

«Wieso hast du sie mir nicht früher gezeigt, Papa?», fragte ich.

Er sah zu Mama. «Wir ... meine Geschwister und ich ... wir hatten Streit. Damals warst du vier. Und seither haben wir uns nicht mehr gesehen. Wir telefonieren nur.»

«Das ist sehr lange.»

«Findest du?»

«Ich bin bald zwölf, Papa.»

«Wie die Zeit vergeht ...» Papa sah ganz verwirrt aus. «Du hast recht. Vielleicht werde ich sie mal anrufen und einladen.»

«Jetzt», sagte ich. «Solange du hier zu Besuch bist. Ich weiß, dass du es gerne aufschieben würdest, weil du so viele Aufschieb-Gen-Tiere hast. Ich hab einen Tipp für dich! Leih dir eines von Mamas Organisier-Gen-Tieren aus.»

Meine Eltern sahen sich an.

«Rufst du jetzt an, Papa?», quengelte ich.

«Nicht jetzt», sagte Papa. «Aber bald. Und dann bist du die Erste, die es erfährt.»

Es war okay. Papa hatte Angst. Mit Angst kannte ich mich aus. Darum wusste ich auch, dass die vorbeigeht. Wenn man nur lange genug wartet.

«Dann druck ich jetzt das Foto von Maffy und den anderen aus. Und mach mich an den Baumstamm.»

Der rote Wutballon

Am nächsten Tag regnete es und Doro kam nicht zur Schule. Herr Bernasconi erklärte, sie habe einen Arzttermin. Warum hatte sie mir das nicht gesagt? Typisch Doro, die wirklich harten Sachen behält sie für sich. Hätte ich jetzt ein Handy, könnte ich sie anrufen. Ohne Doro kam ich mir verloren vor. Zum Glück stellte sich Lumi in der Pause zu mir. Wir sahen Felix beim Fußballspielen zu. Er machte gerade einen Kopfball. Umwerfend cute.

«Tor!», schrie ich und klatschte laut. Felix reagierte nicht.

Lumi biss in einen Kürbiskern.

«Er findet dich cool», sagte sie.

«Felix?» Meine Schmetterlinge taumelten. «Spinnst du? Wie kommst du auf so was?»

«Er kuckt immer heimlich her.» Lumi kaute.

Sie erfand das doch. Er war mit dem Ball beschäftigt, oder mit Paul und Anil. Nun rannte er sogar davon, auf zwei Jungs zu, die sich am Wiesenrand aufgestellt hatten.

Es waren Kamil und Lian. Sofort kam Javier aus seiner

Ecke und mein roter Wutballon zuckte. Felix und Lian klatschten sich ab und fingen an zu quatschen. Kamil stand daneben und hörte zu.

«Hei, das ist ja Lian», sagte Lumi und blinzelte durch ihre Brille. «Und wer ist der Junge mit der dunklen Haut?»

«Wieso fragst du nicht, wer der Junge mit dem weißen Hoodie ist?», blaffte ich Lumi an.

«Weil ...» Lumi überlegte. «Sorry, Yeshi. Wer ist der Junge mit dem weißen Hoodie?»

«Er ist der Sohn der Freundin von meinem Papa. Und ich spreche nicht mit ihm.»

Sie kamen auf uns zu.

«Ich wollte euch besuchen», erklärte Lian, nachdem er uns begrüßt hatte. «Und Kamil wollte wissen, wie eine Schweizer Schule funktioniert.»

«Wieso?», fragte ich Kamil. «Ist es ...?»

Mistmistmist. Ich sprach ja nicht mit ihm. Bevor er antwortete, sah ich zu Lian. «Kannst du ihn fragen, ob es bei ihm in London anders ist?»

Lian fand mich blöd, trotzdem tat er, was ich wollte. «Yeshi will wissen, ob es in London anders ist?», fragte er Kamil.

Kamil erzählte auf Englisch, dass sie alle Schuluniformen trügen.

«Und wie sieht deine aus?», rutschte es mir heraus. «Ich meine», ich wandte mich wieder an Lian, «kannst du ihn fragen, wie sie aussieht, diese Uniform?»

Aber Kamil hatte auch so verstanden. Er zog sein

Handy hervor und zeigte einige Fotos. Erst eines von sich selbst, dann von seiner Klasse. Viele Kinder, bestimmt hundert, so kam es mir vor. Alle in blauen Uniformen. Mit roten Bändeln. Die Mädchen hatten Röcke und Jacken, die Jungs Hosen. Und fast alle hatten dunkle Haut.

«Ist das wirklich in London? Oder in Afrika? Oder ein Fake? So viele Kinder mit derselben Hautfarbe wie ich. Frag ihn, Lian, bitte.»

«Frag ihn doch selbst, Yeshi», sagte Lian. «Was soll der Quatsch?»

Zum Glück klingelte es.

Später im Klassenzimmer lümmelten Lian und Kamil an der Tür.

Die Kinder machten große Augen.

«Wer ist das?», fragte Paul. «Kriegen wir zwei Neue? Hab ich was verpasst?»

«Hei, ihr Blütschis», rief Felix. «Kennt ihr Lian nicht mehr?»

Früher wäre Lian ganz verlegen geworden und hätte sich am Arm gekratzt. Nun stand er da in seiner hautengen Jeans, dem XXL-Pulli, dem regenbogenfarbenen Schal und machte ein Peace-Zeichen. Ich fand seinen Style cool. Die anderen wohl auch, denn nun gab es ein großes Willkommens-Geschrei und alle stürmten nach vorn. Seit er die Klasse verlassen hatte, war viel Zeit vergangen.

Während er erklärte, warum er hier war, sah sich Kamil alles mit großen Augen an. Die sehen aus wie meine, dachte ich. Es fühlte sich eigenartig an.

«Kannst du mir die Namen deiner Freunde sagen?», fragte er mich auf Englisch. Der war ganz schön hartnäckig.

Ich zeigte auf unser Klassenfoto, da stehen alle Namen drauf.

«Thank you», sagte Kamil.

Nach Herrn Bernasconis Begrüßung schlug er vor, dass sich Lian und Kamil neben mich setzten. Da fühlte ich mich irgendwie besonders und der Wutballon schrumpfte ein ganz kleines bisschen, so ungefähr ein Tausendstel Millimeter. Kamil konnte eigentlich nichts dafür, dass mir Papa seine Mama als neue Freundin vor die Nase gesetzt hatte. Trotzdem würde ich weiterhin nicht mit ihm sprechen. Es ist wichtig, ein Zeichen zu setzen, sagt Mo immer. Mo macht in der Klimabewegung mit und setzt viele Zeichen. Ob ihr Baby auch so ein Zeichen-Setzen-Gen bekam?

Nachdem Herr Bernasconi mit uns Mathe geübt, deutsche Grammatik korrigiert und Französischvokabeln abgefragt hatte, bekamen wir Zeit, um an unseren Baumstämmen zu arbeiten.

Ich erklärte Lian, was es damit auf sich hatte.

«Oh, nice. I love family trees», sagte Kamil. Sekunden später waren beide Jungs in ihren Baum vertieft.

Ich sah zum Fenster hinaus. Die Regentropfen trommelten aufs Glas. Ich stellte mir vor, dass jeder Tropfen ein Blatt wäre. Zu Beginn waren es nur wenige, dann wurden es mehr. Tropfenmeer. Und ich war eines von ihnen.

Es tropfte unter meinen Augenblättern hervor. Wieso weinte ich? Plötzlich musste ich zu Kamil sehen. Es war eigentlich cool, nicht mehr die Einzige zu sein. Jemanden zu haben, der mein Spiegelbild sein könnte. Wie es wohl war, in seiner Klasse in London?

«Yeshi, sieh mal!» Lian zeigte auf Kamils Zeichnung. «Seine Familie ist überall auf der Welt verstreut.»

Erst jetzt bemerkte ich Kamils wunderschönen Baum mit den bunten Blättern. WAS? Hatte er so eine große Familie? Wieso brauchte er dann meinen Papa? Sollte er doch die ganzen Blätter besuchen und nicht zu uns kommen.

«Meiner wird viel größer», sagte ich und die drei Millimeter verschwundene Wut kehrten mit großem Getöse zurück. Ich gab auch keine Antwort mehr, wenn er mich etwas fragte, und als er mir in der nächsten Pause eine Packung *M&Ms* anbot, lehnte ich ab. Wie gesagt, ich lasse mich nicht kaufen.

Das Spendenprojekt

Auch am Mittwoch kamen Lian und Kamil wieder zu uns in die Klasse. Dass ich nicht mit Kamil sprach, fiel niemandem auf. Und er ließ mich in Ruhe. Was irgendwie nett war. Doro fehlte immer noch. Mama hatte mir erklärt, dass Gian sie zu Hause behielt.

«Eine Frühlingserkältung. Du weißt, Gian ist sehr sensibel.»

Das würde Doro nicht mögen. Ich lieh mir Lumis Handy aus, um sie anzurufen.

«Mir geht's schon besser, Yeshi. Morgen bin ich wieder da.»

«Dann klappt's am Samstag mit dem Fußballspiel und der Talentscout-Frau?»

«Voll. Ich trainiere die ganze Zeit, kaum ist Gian aus dem Haus. Ich habe heute schon zehntausend Schritte durchs Wohnzimmer geschafft. Nur Laufen ist schwierig.»

«Treppe runter und wieder rauf, und das Handy nimmst du mit, falls Gian dich anruft.»

Ich kam als Letzte in die Klasse und gab Lumi das Handy zurück, Felix war in ein Gespräch mit Bianca verwickelt und übersah meinen Blick.

Da kam Herr Bernasconi herein und rieb sich die Hände.

«So, Kinder, heute haben wir etwas ganz Besonderes vor.»

«Bestimmt ein Projekt», sagte ich. «Wir haben schon lange keines mehr gemacht.»

Er grinste. «Genau das wollte ich mit euch besprechen. Du nimmst mir die Worte aus dem Mund.»

Wie das geht, wenn man jemandem das Wort aus dem Mund nimmt?

«Wir haben gut gearbeitet in den letzten Wochen und Kamils Besuch sowie ein Artikel haben mich auf eine Idee gebracht.»

«In welcher Zeitung?», fragte Lumi.

Genau wie ich mag sie Projekte. Anders als ich liest sie Zeitungen und ist immer super informiert.

«In einer englischen Zeitung, dem *Guardian*, den kennt Kamil bestimmt.» Herr Bernasconi blickte zu Kamil.

Er freute sich. «They have a good music section.»

«Kamil ist Rapper», erklärte Lian. Er machte ein Peace-Zeichen. Ich sah, wie die Krokodilmädels tuschelten. Heute trugen sie ein Tiger-Outfit. Es gefiel mir nicht.

Herr Bernasconi nahm eine Kreide und stellte sich vor die Wandtafel. «Der Guardian hat nicht nur einen guten

Musikteil, sondern auch gute Analysen von dem, was auf der Welt so passiert. Der Artikel drehte sich um die Folgen der Pandemie. Während der schlimmsten Zeit gab es auf der ganzen Welt viel Solidarität, die ist jetzt wieder vorbei. Ich hätte gerne eure Meinung. Warum ist das so, was denkt ihr?»

«Weil es so ist.»

«Weil die Läden in den reichen Ländern wieder offen sind.»

Herr Bernasconi schrieb alle Argumente auf. «Das scheint mir noch etwas oberflächlich, wer hat weitere Ideen? Yeshi?»

«Weil alle sich auf sich selbst konzentrieren und vergessen, dass es nicht allen so gut geht.» Das war doch logisch.

«Guter Punkt. Um genau diesem Egoismus vorzubeugen, wollen wir ein Spendenprojekt machen. Damit engagieren wir uns und unterstützen die Menschen, die es nötig haben.»

Bianca schnippte mit den Fingern. «Entschuldigung, Herr Bernasconi. Aber wir möchten keine Projekte machen. Wir müssen den Stoff durchbringen.»

Auffordernd sah sie zu Antoinette und Merle.

Die zwei zupften ihre Tigershirts in die Länge und nickten. «Finden wir auch.»

«Damit könnt ihr euer Wissen wunderbar erweitern. Ihr sollt alle eine Idee entwickeln, mit der man Geld sammeln kann.»

«In der Freizeit?», sagte Bianca.

«Nein, während der Schule. Und in Teams.»

Bis auf die Krokodilmädels fanden das alle ziemlich cool.

«Am Schluss entscheiden wir uns dann für ein bestimmtes Hilfsprojekt. Damit wir einen substanziellen Beitrag leisten können.»

«Wir könnten für afrikanische Kinder, die Hunger leiden müssen, sammeln», schlug Bianca mit zuckersüßer Stimme vor. «Dafür brauchen wir kein Projekt, wir geben unser Taschengeld und fertig.»

Sofort sahen alle zu mir. Früher habe ich mich darüber geärgert.

«Super Idee», sagte ich. «Spenden sind ab sofort willkommen.» Ich hielt meine Hand auf.

«So schnippisch kenne ich dich gar nicht, Yeshi», sagte Herr Bernasconi.

«Ich wäre einfach froh, wenn ihr bei Hilfsprojekten nicht immer automatisch an Afrika denkt und davon ausgeht, dass da alle Leute am Verhungern sind. Die brauchen euer Mitleid gar nicht. Es gibt noch viele andere Länder ...»

«Afrika ist ein Kontinent, kein Land», flüsterte Lumi neben mir.

Herr Bernasconi klatschte. «Genug diskutiert.»

Er schrieb die Regeln an die Tafel. Dass wir ein persönliches Projekt wählen sollten, um genau zu wissen, wo unser Geld am Schluss landete. «Aber ihr dürft es nicht einfach so verteilen. Es muss über die Post einbezahlt werden. Die Schule will einen Beleg sehen.»

Er teilte uns in Teams ein, Lian, Kamil und Lumi waren die erste Gruppe. Die drei legten sofort los, sie hatten wohl viele Ideen.

«Wieso nicht Yeshi und Kamil?», fragte Bianca halblaut. «Die würden besser zusammenpassen.»

Mein Wutballon zuckte. Code Stefano, dachte ich und nahm mich zusammen. Zum Glück. Herr Bernasconi teilte mich und Doro nämlich mit Felix ein. Meine Schmetterlinge kollabierten vor Freude.

Die Krokodilmädels tuschelten aufgeregt, während Felix keine Miene verzog.

Bianca verschränkte die Arme. «Ich mache nicht mit. Meine Mama geht zur Schulleitung, wenn Sie das durchziehen, Herr Bernasconi.»

Antoinette und Merle nahmen dieselbe Pose ein, sie wirkten wie drei stinkige Tigerinnen.

Herr Bernasconi ließ sich nicht beeindrucken. «Das könnt ihr gerne tun.»

Die drei marschierten zur Tür.

«Wir sind in der Bibliothek. Und lernen mit dem Gymi-Klub. Wer mag, kommt auch.»

Die Tür fiel mit einem Knall ins Schloss. Herr Bernasconi wartete, bis es wieder ruhig war.

«So. Und wir anderen machen weiter.»

Das Alva-Team

Felix saß neben mir am Tisch. Er trommelte mit dem Fuß auf den Boden und wirkte sehr frustriert. OMG. Er findet dich voll lahm, dachte ich. Es war so peinlich, am liebsten hätte ich mich weggezaubert.

Nachdem er mindestens hundert Minuten nichts gesagt und nur vor sich hingestarrt hatte, reichte es mir.

«Du kannst gerne weiterschweigen, aber ich fange jetzt an.»

Ich zog meinen Notizblock raus.

«Sorry, Yeshi», sagte Felix. «Meine Mutter findet auch, Herr Bernasconi sollte mehr Schule machen als Projekte. Ich geh lieber zum Gymi-Klub. Sonst habe ich keine Chance, die Aufnahmeprüfung zu bestehen.»

Ach so, darum ging's.

«Magst du denn keine Projekte?»

«Schon. Aber ich will auch ins Gymi.»

Eine ganze Schubkarre voller Erleichterungssteine plumpste von meinem Flatterherz. Felix fand das Projekt nicht gut. Nicht mich.

Mich fand er ... Wie er mich wohl fand? Fragen konnte ich nicht gut, aber wenn wir zusammenarbeiteten, würde ich das herausfinden. Darum war es wichtig, ihn zu überzeugen.

«Das wird voll cool, Felix, wir sind ein Superteam», sprudelte ich so schnell heraus, dass sich die Buchstaben in meinem Mund überschlugen

Felix teilte meine Begeisterung nicht. «Wenn meine Mutter das hört, geht sie zur Schulleitung.»

«Wir müssen einfach ein gutes Projekt haben. Mit dem wir viel Geld verdienen. Dann haben alle Respekt vor uns.»

«Das schaffen wir eh nicht. Wir sind Kinder.»

«Ja und? Ich habe tausend Ideen. Müll sammeln für *Save the Ocean*.»

«Lame.»

«Muffins verkaufen.»

«Ich backe nicht gern.»

«Ein Musical.»

«Haben wir doch schon gemacht, Yeshi.»

So viel Mühe ich mir auch gab, kein einziger meiner Vorschläge gefiel ihm.

«Habt ihr noch nichts?», fragte Lian, der auf unser leeres Blatt linste. «Wir sind schon mitten in der Planung.»

«Was macht ihr denn?», fragte ich.

«Eine japanisch-ghanaisch-englisch-schweizerische Gassenküche», sagte Lian. «Und ihr?»

«Ist noch geheim», sagte ich.

«Da bin ich schon gespannt, Yeshi», sagte Lian.

Felix war aufgestanden. «Sorry, Yeshi, keinen Bock.»

Ich bekam Panik. Was machte Felix am liebsten?

«Felix, sollen wir ein Game erfinden?»

Er blieb stehen. «Ein Game?»

«Ein Game, mit dem wir Spenden sammeln könnten.»

Seine blauen Augen funkelten ein wenig. «Kannst du denn programmieren?»

«Nö, aber es gibt bestimmt ein Tutorial auf *Youtube*.»

Felix zweifelte. «Ein Game braucht eine Story. Sonst ist es kein gutes Game.»

«Ich ... äh ...» Denk nach, Yeshi. «Es könnte etwas im Manga-Stil sein. Mit einer Hauptfigur namens Alva.»

Das fand Felix geil. «Und am Schluss gibt's eine Schlacht. In den guten Games gibt's immer eine Schlacht. Aber wie sollen wir damit an Geld kommen?»

Damit war ich überfragt.

Dafür hatte Felix eine Idee. «Wir verlangen Eintritt, für die Schlacht.»

«Hä?»

«Hier auf dem Pausenhof.» Felix war Feuer und Flamme für seine Idee. «Das wird legendär!»

Ich zweifelte. Irgendwie war das nicht das, was Herr Bernasconi gemeint hatte. «Aber wir sollen doch Spenden sammeln für einen guten Zweck. Vielleicht für ein Impfprogramm oder neue Medikamente.»

«Boah, Yeshi, du bist voll die krasse Spaßbremse.»

Wenn mir nicht gleich was einfiel, wäre Felix weg.

«Wir könnten mit dem Game ein Statement gegen Gewalt machen», sagte ich langsam.

«Spinnst du, Yeshi», sagte Felix. «In den Games braucht's Gewalt. Sonst sind sie nicht spannend.»

«Wir könnten damit sagen, dass wir gegen echte Gewalt sind.»

«Damit können wir nichts verdienen.»

«Es kommt auf die Story an.»

«Sorry, aber ...»

«Gib mir eine Chance. Ich erfinde eine richtig gute Geschichte. Und wenn sie dir gefällt, dann machst du mit. Sollen wir uns nach der Schule treffen? Im Artergut-Park. Um 17 Uhr?»

«Was hast du gesagt?»

«Treffen wir uns im Artergut-Park. Um 17 Uhr. Ich bringe eine Geschichte mit. Und damit überzeugen wir die Klasse.»

Mein Herz flatterte, und meine Schmetterlinge tanzten Salsa. Ich hatte ein Date.

Bauchfrei mit Lochjeans

Zu Hause setzte ich mich sofort ans Laptop. Als Ansporn stellte ich mir vor, wie Felix strahlen würde, wenn er die Geschichte läse. Wie wir das Game mit allen spielten und das verdiente Geld für eine Aktion gegen Gewalt spendeten.

Erst zeichnete ich ein Titelblatt, dann schrieb ich drauflos, eine Seite nach der anderen. Es ging um einem Drachenclan, der ein Elfenschloss bedrohte, und eine Kindergang namens Alva-Team, die beiden Anführer hießen Yeshi und Felix. Stopp, lieber erfundene Namen. Ich gab den Druckbefehl und wartete gespannt auf die Seiten. Ich mag es, wenn sich der Drucker in eine Spuckmaschine verwandelt.

«Yeshi, bist du da?», rief Mama, als sie zur Tür hereinkam.

Ich steckte den Text in meinen Rucksack, Mama sollte ihn ja nicht sehen.

Sie war schwer beladen, in jeder Hand trug sie mehrere Lebensmitteltüten.

«Hilfst du mir? Du kannst mit dem Kuchenbacken anfangen, ich habe Gian deinen Marmorkuchen versprochen.»

«Wieso? Bekommen wir Besuch?»

«Gian und Doro. Sie ist wieder gesund.»

Aber ich hatte doch ein Date. In einer halben Stunde war 17 Uhr.

«Dürfte ich noch jemanden dazu einladen? Bitte, Mama, das Essen reicht sicher, wir kochen ja immer viel zu viel.»

«Wen denn? Eine Freundin aus der Schule?»

«Einen Freund», sagte ich und hoffte, dass ich nicht rot würde.

Mama strahlte. «Wie schön, dass Kamil und du jetzt befreundet seid. Ich wusste, dass du ihn mögen würdest.»

«Wieso Kamil? Kommt er auch?»

«Natürlich. Er und Charlene gehören doch jetzt dazu.»

Mama hat wohl gemerkt, dass meine Stimme ganz komisch klang. «Hast du nicht Kamil gemeint, mit dem Freund?»

«Egal. Dann soll er halt kommen. Solange ich nicht mit ihm reden muss ...»

In dem Moment traten Gian und Doro durch die Tür. Sie sah immer noch ziemlich bleich aus und hatte die violette Mütze über die Kopfhörer gestülpt.

«Wie lief's?»

Sie zog mich auf die Seite. «Voll krass gut. Dein Treppenprogramm ist der Hammer, ich habe den ganzen Tag trainiert, anstatt im Bett zu liegen. Jetzt bin ich fit wie ein Turnschuh. Bereit für die Talentscout-Frau am Samstag.»

«Weiß es Gian?»

«Sicher nicht. Ich sag es ihm einfach nicht.»

Fand ich keine gute Idee.

«Gehst du wandern?» Neugierig zeigte Doro auf meinen Rucksack.

«Doro, kannst du mir helfen? Ich habe ein Date.»

«Hä? Gleich geht hier die Party ab.»

«Bis dann bin ich wieder zurück, ich muss ihm nur etwas geben.»

«Wem?»

Ich biss mir auf die Lippen. «Egal.»

«Einer aus unserer Klasse?»

«Nicht Tobias», sagte ich schnell. Ich weiß, dass Doro ihn mag, weil er manchmal mit ihr Tore schießen übt.

«Wer dann?»

Ich machte den Funkelstarrblick.

Doro verlor. «Also gut, ich decke dich.»

Am liebsten hätte ich Doro umarmt, aber Doro ist da eigen. Sie ist eher der zurückhaltende Typ.

«Lenk Mama ab, Doro, hilf ihr beim Gemüseschnippeln, und schon bin ich wieder da.»

«Easy.» Sie musterte mich. So von oben bis unten und wieder zurück.

«Ist er schön?», fragte sie.

«Mega», sagte ich, bereits bei der Tür.

«Dann kannst du so nicht gehen.»

«Warum?»

Wir starrten beide auf mein T-Shirt. Meine Jeans. Meine pfefferminzgrünen Turnschuhe.

«Schnell, zeig mir deinen Schrank.»

Wir gingen in mein Zimmer. Da gab's Jeans und T-Shirts. T-Shirts und Jeans.

«Kein Kleid?», fragte Doro.

«Mama hat welche. Aber die sind zu stylish», sagte ich.

Doro überlegte. «Hast du eine Schere?»

Ich wurde ganz hibbelig. «Willst du mir ein Kleid schneidern oder was?»

Nein, Doro hatte eine viel bessere Idee. Die war so glitzerluftig, dass sie von mir sein könnte. Sie schnappte sich die Schere und ging ans Werk.

Gleich darauf betrachtete ich mein neues Outfit im Spiegel. Ich kam mir fremd und sehr erwachsen vor. «Ist das wirklich ...?»

«Voll.» Doro unterbrach mich. «Lauf los, K-Girl!»

«Danke, G-Qualle.»

«Yeshi», schrie Mama aus der Küche. «Du musst endlich den Kuchen backen, sonst wird der nicht fertig.»

«Kannst du das übernehmen, Doro?», flüsterte ich.

«Ich hasse Kuchenbacken.»

«Dafür komme ich mit am Samstag. Und lenke die Talentscout-Frau ab, wenn du einen Fehlpass machst.»

«Deal!» Erneut klatschten wir uns ab. «Und jetzt LAUF ENDLICH.»

Ich war schon unterwegs, kehrte aber noch mal zurück.

«Und es sieht wirklich gut aus?»

«Voll der Yeshi-Style.»

Date im Park

Außer Atem kam ich im Artergut-Park an, mein Lauffuß war nur so über die Bürgersteige geflogen. An dem sonnigen Nachmittag war der Park voller Menschen. Felix sah ich nirgends. Auch nicht, nachdem ich zweimal im Kreis gegangen war. Mistmistmist. Hatte ich ihn verpasst? Die Turmuhr schlug gerade fünf, ich war pünktlich. Was, wenn Felix zu spät käme? Das würde überhaupt nicht in meinen Zeitplan passen, länger als eine halbe Stunde konnte ich nicht bleiben. Vielleicht hatte ich ihn übersehen. Aber er war weder bei den fußballspielenden Jungs noch beim Kinderschach. Dafür bemerkte ich Bianca. OMG. Vor Schreck versteckte ich mich hinter dem Toilettenhäuschen. Auch die anderen Krokodilmädels waren hier. Sie, Antoinette und Merle saßen mit den Handys auf der Kinderschaukel.

Auf keinen Fall durften die mich mit Felix erwischen. Ich schlich mich ums Häuschen herum und suchte Deckung bei einer Familie, die ich kannte. Relia, die Mama, ist Fünfundzwanzig, also halb so alt wie meine Mam, sie trägt Jeans und Kopftuch, eine Muslima, voll die Beauty. Sie ist oft hier, nachdem sie ihre beiden Mädchen von der Kita abgeholt hat. Die drei saßen an einem der Holztische und aßen Karotten und Gurken mit Hummus.

«Gibt's hier noch Platz für mich?», fragte ich.

«Natürlich. Magst du mitessen, Yeshi?»

Ich habe ein Date und bin meganervös. Aber das sagte ich natürlich nicht laut. «Kein Hunger.»

Banu und Amira, die beiden Mädchen, krabbelten auf meinen Schoß, jede auf ein Bein.

«Yeshi», kicherten sie.

Einen Moment vergaß ich, nach Felix Ausschau zu halten, und hörte ihnen zu, als sie mir erzählten, wie sie ein Puzzle mit ganz vielen Farben gelegt hatten. Sie sprachen Zürichdeutsch, im Gegensatz zu Relia, die nur gebrochen Deutsch sprach.

«Ihr seid richtige kleine Zürcherinnen geworden.» Sie staunte über ihre Töchter.

Die Girls kicherten, hüpften auf den Boden und sprangen um uns herum.

«Sieht lecker aus.» Ich zeigte auf den Hummus.

Relia nickte. «Selbst gemacht. Mit Zitronen schmeckt es am besten. Sie sind von zu Hause.» Sie träufelte Zitronensaft drauf. Das Wort «zu Hause» hatte traurig geklungen. Fand ich.

«Wie geht's dir?», fragte ich.

«Gut.»

«Wirklich?»

Relia stockte. «Sagt man so hier, nicht? Einer fragt: ‹Wie geht's›, und ich antworte: ‹Gut.›»

Ich überlegte. «Ich glaube, ‹Wie geht's?› ist keine echte Frage. Und die Antwort keine echte Antwort.»

«Gelogen, meinst du.»

«Irgendwie schon. Eine Art Code. Aber ich kann echt fragen. Also, so richtigechtecht. Dann gilt es. Wie geht's dir, Relia?»

«Nicht gut, Yeshi. Meine Familie lebt in Beirut, weißt du ...» In dem Moment kam Amira und schmiegte sich an ihre Mama.

«War da vor einem Jahr nicht die große Explosion?», fragte ich. Mama hatte mir davon erzählt. «Sind die Häuser wieder aufgebaut?»

Relia legte eine Hand auf die Lippen. Aber es war zu spät. Schon begann Amira zu weinen.

«Papa», schluchzte sie.

Oh nein, da hatte ich etwas Dummes gefragt. «Es tut mir so leid, Amira, ich wollte dich nicht traurig machen.»

«Unsere Familienwohnung ist zerstört», erklärte Relia leise.

«Ich dachte, ihr lebt hier?»

«Vorübergehend, wir wollten eigentlich wieder zurück. Mein Mann ist nach der Explosion heimgefahren, im Moment helfen ihm unsere Verwandten beim Wiederaufbau.» Relia strich Amira übers Haar. «Amira ist traurig. Sie vermisst ihren Papa.»

Ich kniete mich zu der Kleinen. «Dann geht es dir wie

mir. Meiner ist zwar nur in London. Aber es kommt mir so weit vor wie Beirut. Geht ihr ihn bald besuchen?»

Relia strich ihr übers schwarze Haar. «Geh jetzt spielen, mein Schatz.»

Als ich nachfragen wollte, hielt sie sich einen Finger vor den Mund. Ich entdeckte Banu vorne bei dem kleinen Kinderteich. «Banu streckt ihren Zeh ins Wasser, schau mal.»

Amira kicherte und rannte los. Relia und ich beobachteten, wie sie die Turnschuhe auszog und mit ihrer Schwester durch das eiskalte Wasser watete. Ich kam mir sehr erwachsen vor, wie ich da so mit Relia saß.

«Ihr könnt ihn noch lange nicht besuchen, stimmt's?», fragte ich Relia.

Sie nickte. «Ich muss auf meinen Ausweis warten, der war abgelaufen. Und in Beirut könnten wir nirgends wohnen, weil die Wohnung kaputt ist. Der Wiederaufbau dauert sehr lange. Es gibt zu wenig Baumaterial, wegen der Pandemie, alles kostet viermal so viel. Wir haben fast kein Geld, weißt du. Ich schicke jeden Monat, aber es reicht nicht.»

Ui. Ich spürte, dass es ganz schön schwierig war in diesem Beirut.

«Wie viel Geld brauchst du denn?», fragte ich. «Ich könnte dir mein Taschengeld geben. Ich habe gespart. In meiner Kasse sind fünfundvierzig Franken.» Ich nestelte an meinem Rucksack herum. Mein Taschengeld trage ich immer bei mir, in einem Geldbeutel.

Relia lehnte ab. «Behalt es lieber.»

«Aber ich gebe es gerne.» Ich ahnte, dass es nicht reichen würde. «Es ist viel zu wenig, gell.»

«Da würden noch fast dreitausend Franken fehlen.»

Meine Schachteluhr piepste. Den Wecker hat mir Stefano eingebaut. Mistmistmist. Wo blieb Felix?

«Ich muss bald wieder gehen», sagte ich.

«Bist du allein hier? Oder ist das dein Papa?»

Relia deutete auf einen Mann. Das machen fast alle Leute, wenn sie jemanden mit meiner Hautfarbe in meiner Nähe sehen. Normalerweise sage ich einfach Nein, weil es mich nervt.

Aber ich fand, Relia, die so nett war, hatte eine Erklärung verdient.

«Ich bin adoptiert. Meine Mama ist weiß, mein Papa auch.»

«Ach so, dann verstehe ich das. Ich bin auch adoptiert.»

Meine Schmetterlinge machten Saltos. Ich hatte schon oft mit Relia gesprochen. Absolutgarniemalsnie wäre ich auf die Idee gekommen, sie könnte adoptiert sein.

«Nicht immer einfach, gell, Yeshi», sagte sie.

Ich hatte tausend Fragen, die ich am liebsten alle gleichzeitig gestellt hätte. Da hörte ich ein Geschrei. Banu, die gerne auf die Schaukel gestiegen wäre. Obwohl sie kleiner war, hatte sie Amira mit sich gezogen. Aber Bianca, Antoinette und Merle besetzten die Schaukeln und waren so in ihre Handys vertieft, dass sie die sehnsüchtigen Augen der beiden kleinen Mädchen nicht beachteten.

Das fand ich richtig mega krass fies. Ich ging zu ihnen hin.

«Hallo zusammen. Das ist für Kleinkinder gedacht. Könnt ihr mal Platz machen?»

Bianca sah hoch. «Ich bin eineinhalb. Und du, Antoinette?»

«Ich auch. Geht weg da, ihr Läuse.»

Sie machte eine Handbewegung, dass Banu auf den Hosenboden fiel.

«Stopp», sagte ich ganz laut. «Geht da runter.»

«Mama!», schrie Banu.

Relia stand auf, kam auf uns zu.

Bianca murmelte etwas zu Antoinette. «Eine Kopftuchtante. Vielleicht ist ihr Mann auch in der Nähe. Das gibt gleich Stress.»

Mir stockte der Atem. Hatte ich mich verhört?

Die drei stiegen von den Schaukeln.

«Danke, Yeshi», sagte Relia und half ihren Töchtern auf die Schaukelsitze.

«Deine Freunde?», zischte Bianca, als sie an mir vorbeiging.

«Typisch», sagte Antoinette. «Yeshi hängt mit kleinen Kindern ab.»

«Sie ist einfach ein Baby.» Das kam von Merle.

Bianca musterte mein Outfit. «Bauchfrei, echt? Dass du dich traust.»

Antoinette zeigte auf das ausgefranste Loch, das Doro so schön in die Jeans geschnitten hatte. «Hast du Motten zu Hause? Die kommen, wenn man nicht richtig sauber macht.»

«Und dann die Turnschuhe», fügte Bianca an. «Könnt ihr euch echt keine neuen leisten? Voll vergammelt. Iiih.»

Ich schluckte. Die drei sahen mich an, als ob sie dachten, ich sei völlig überflüssig. In dem Moment kam Felix auf seinem Brett zum Parktor hereingerollt. Meine Schmetterlinge flogen auf und ich vergaß alles. Er war wieder im Skater-Style.

Die Haare waren violett mit Silbergrau. Er hatte sie gefärbt. Die sahen echt besonders aus. Voll cute. Der hübscheste Junge im ganzen Park. Hatte er mich nicht erkannt?

«Felix», schrie Bianca und spurtete los, Antoinette folgte. Da entdeckte ich in der Tür zum WC mein Spiegelbild. Was hatten die Krokodilmädels gesagt? Ich zupfte das abgeschnittene T-Shirt in die Länge und versuchte, das Loch im Oberschenkel mit den Fingern zuzudecken.

Aus den Augenwinkeln beobachtete ich, wie Felix grinste, als Bianca eine Bemerkung machte. Schnell ging ich zurück und versteckte ich mich hinter Relia, die damit beschäftigt war, die Mädchen einzusammeln.

«Was ist mit dir?», fragte sie.

«Ich spiele verstecken. Der Junge da vorne ... er soll mich nicht sehen.»

Relia deckte mich, bis Felix und die Krokodilmädels verschwanden. Als sie weg waren, musste ich mich erst mal auf den Boden setzen. Und ich weiß nicht wieso, aber plötzlich waren meine Wangen ganz nass.

Da fühlte ich eine kleine Hand. Banu. Sie strich ganz fein über meine Augenblätter und steckte den Finger ins Loch meiner Jeans. Nun kam auch Amira. Zusammen kitzelten sie mich, bis das Loch riesig war.

«Was war denn mit dem Jungen?», fragte mich Relia.

«Ich sollte ihm die Hausaufgaben geben», sagte ich und zog die losen Seiten aus meinem Rucksack. Zuoberst war das Titelbild. «Alva-Team» stand da, und dazu ein Junge wie Felix und ein Mädchen wie ich. Es wirkte wie eine Kindergartenzeichnung. Ich zerknüllte alles. «Aber ich hätte ein Kleid anziehen sollen. So wie du.»

«Wieso? Du siehst sehr schön aus», sagte Relia.

«Nein. Vergammelt.»

«Ich auch Löcher haben», sagte die kleine Banu.

Plötzlich legten sich zwei kleine Hände vor meine Augen. Sie waren weich und klebrig.

«Mund aufmachen», befahl Banus Stimmchen.

Dann fühlte ich etwas Weiches auf der Zunge. Feucht und sauer mit etwas Süß.

«Hokuspokus Zitronenzauber», flüsterte mir Banu ins Ohr. «Jetzt geht's dir wieder gut.»

Und tatsächlich. Die Tränen versiegten und ich fühlte mich besser.

Relia kramte in ihrer Tasche und drückte mir eine Packung Hummus und eine Zitrone in die Hand. «Sie sind aus Beirut. Sie bringen die Sonne in dein Herz.»

Peacemakerin Lola-Mops

Schon von Weitem hörte ich die Stimmen aus dem Garten. Ich schlich mich rein und erschrak fürchterlich, als mich jemand anstupste. Doro. Sie hatte nach mir Ausschau gehalten.

«Endlich, Yeshi, du bist viel zu spät!»

«Doooroooo!», schrie Mama von irgendwoher. «Hast du Yeshi gefunden?»

Doro sah mich an. «War's nice? Dein Date?»

«Hm.»

Doro zog die Stirn kraus. «Hast du geheult?»

«Spinnst du?»

«Ich habe deiner Mam gesagt, dass du uns eine Überraschung zauberst.»

Also raste ich nach oben, zog mich blitzschnell um und ging in die Küche. Auf dem Tisch duftete Doros Marmorkuchen. Ich füllte einen Krug mit Wasser, presste die Zitronenhälften aus, gab ganz viel Wasser dazu und klemmte einige Schnitze auf die Ränder der Becher. Zusammen mit dem Hummus stellte ich sie auf ein Tablett und stieg vorsichtig die Treppe runter.

«Yeshi!» Mama war dabei, ein kleines Buffet aufzubauen. «Wo warst du denn?»

«Ich habe das mitgebracht.» Ich zeigte auf den Hummus und den Krug. «Pling, Zitronenmagie. Probier, Mama.»

Sie nahm einen Schluck und verzog den Mund. «Ganz schön sauer. Woher ist das alles?»

Zum Glück kam in dem Moment Papa.

«Papsipaps», schrie ich und hüpfte auf ihn zu. Stoppte aber, als ich Kamil und Charlene bemerkte. Dahinter kam Lian.

«Sind wir zu früh?», fragte Papa.

«Nein», sagte Mama. «Genau richtig.»

Alle begrüßten sich.

«Ach so», sagte Mama und zwinkerte mir zu. «Lian ist der Freund.»

«Welcher Freund?»

«Na, du wolltest doch einen mitbringen?»

Eigentlich hatte ich ja Felix gemeint. Eine Million Gedanken wirbelten durch meinen Kopf.

«Zwei Freunde wollte ich mitbringen. Einer ist Lian», sagte ich. «Und den anderen hole ich jetzt ab. Ich bin gleich wieder da.»

Bevor irgendjemand mich zurückhalten konnte, flitzte ich los, die Straße hinunter, bis ich bei dem kleinen Häuschen der Mops-Oma war. Sie ist meine Herzoma. Und ihre Mopshündin Lola meine drittbeste Freundin.

«Yeshi, wie schön, dass du mich wieder mal besuchen kommst.»

Die Mops-Oma umarmte mich. Sie wird immer winziger oder ich immer größer, auf jeden Fall war meine Nase höher als ihre Stirn. Zum Mitgehen war sie zu müde.

«Lola liebt Partys, Yeshi, nimm sie mit. In letzter Zeit sind meine Beine so schwer.»

Und so sprinteten Lola und ich wieder zurück.

Im Garten angekommen, hoppelte Lola direkt auf Kamil zu. Er beugte sich zu ihr und kraulte sie.

«He is a cutie», sagte er.

«Es ist eine Sie. Sag ihm das», sagte ich zu Lian.

Lian übersetzte. Kamil und Lola-Mops – das war Liebe auf den ersten Blick. Dieser Hund hat keinen Style, dachte ich, schlabbert jeden ab. Plötzlich blickte Lola von mir zu Kamil und wieder zurück. Und dann rannte sie wie eine Irre hin und her, leckte erst meine Hand ab, dann Kamils.

«Das kitzelt», kicherte Kamil und bekam Grübchen in den Wangen. Ich konnte nicht anders und lachte mit.

«Ich glaube, sie würde gerne zu dir in die Ferien kommen», entwischte es mir. Mist. Nun hatte ich mit ihm gesprochen.

«Meinst du?»

«Voll. Die Mops-Oma würde sich freuen.»

«Mam», rief Kamil. «Könnte Lola-Mops bei uns übernachten?» Erst da bemerkte ich, wie ruhig es geworden war. Die Erwachsenen standen aufgereiht wie Spatzen und gafften uns an.

«Bitte, Mam», bettelte Kamil.

Charlene winkte ab. «Im *Airbnb* sind Hunde bestimmt verboten.»

«Lola ist so klein, das merkt doch keiner», sagte ich. «Zum Rein- und Rausgehen kann Kamil sie in den Rucksack packen. Das haben wir auch schon mal gemacht, eine ganze Fahrradtour lang.»

Lola hatte sich auf Kamils Fuß gekuschelt und blinzelte vor sich hin.

«Es ist ein Zeichen», sagte ich zu Charlene. «Damit will sie sagen, dass sie Kamil sehr lieb hat und gerne zu ihm in die Ferien käme.»

«Yeshi», Papa mischte sich ein. «Lass gut sein.»

Hatte er vergessen, wie steinfelsbetonhart ich mein Ding durchziehen konnte?

«Nein. Das macht Lola sonst nur bei mir. Sie hat Vertrauen zu Kamil.»

«Du bist gemein, Mam», sagte Kamil. Und dann kam eine ganze Rede. Wie Charlene ihm einen Hund versprochen hatte, als sie sich von seinem Papa getrennt hatte. Und wie der Papa nun, vier Jahre später nach Amerika gegangen war und Kamil immer noch keinen Hund hatte.

Keine Ahnung wieso, auf jeden Fall verstand ich jedes Wort. Und auch Charlenes Antwort. Dass es im Leben halt nicht immer so laufen würde, wie man es gerne hätte, dass sich die Dinge veränderten. Das war so typisch

Erwachsene. Sie versprechen uns den Himmel, aber wenn's drauf ankommt, geht es einfach nicht.

«Verstehst du, mein Sohn?», beendete Charlene die Rede und machte den Mama-Blick.

«Nein», protestierte ich. «Kamil versteht das nicht. Es ist nur für eine Nacht. Er will Lola ja nicht als blinden Passagier mit ins Flugzeug nehmen und nach London schmuggeln.»

Nun lachten alle. Fand ich gut. Mein Papa gab Charlene einen Kuss. Fand ich weniger gut.

Immerhin lenkte sie ein. «Okay, bis morgen früh. Vor der Schule musst du ihn wieder zurückbringen.»

Kamil strahlte, alle klatschten, Lola bellte.

«Gut gemacht, Lola», sagte Lian neben mir. «Du bist ja eine richtige Peacemakerin.» Er stieß mich an. «Dann sprichst du jetzt mit Kamil?»

«Sicher nicht», sagte ich. «Ich bin immer noch stinksauer auf ihn. Hab ich nur wegen Lola gemacht.»

Lian grinste ein wenig. Glaubte er mir nicht?

«Du kannst Kamil sagen, dass ich Lola morgen früh abhole. Pünktlich um halb acht. Er kennt den Weg zur Mops-Oma ja gar nicht.»

Lian richtete Kamil meine Nachricht aus. Einen Moment sah er aus, als ob er mich umarmen wollte. Hallo? Mein Tanzfuß machte eine Drehung, ich fasste das Tablett und offerierte allen einen Drink. Die untergehende Sonne spiegelte sich in den Gläsern. Alle stießen an.

«Chin-chin», sagte Charlene. «Was für tolle Limonendrinks.» Limonendrinks, das klang richtig gut.

Ich fand sie zum ersten Mal nett. Bis Papa sie wieder küsste. Gian küsste Mama. Kamil küsste Lola. Und Lian … küsste Doro. OMG! Lief was zwischen den beiden?

«Yeshi hat erzählt, dass ihr einen Rap draufhabt», sagte Doro und zog ihre Mütze gerade. Früher hätte sich Lian geweigert, weil er zu scheu war. Aber nun holte er sein Handy hervor und stellte Musik ein. Ein Song erklang.

«Von Kamil», erklärte Lian. «Der Yeshi-Rap. Hat er komponiert.»

WAS?

Klatschen, Rhythmus. Lian machte die Moves vor.

«Kommt», winkte Lian.

Kamil bewegte sich. Weich in den Knien, rund in den Hüften, die angewinkelten Arme gingen vor und zurück, absolut synchron mit Lian. Hip-Hop trifft Ballett. Mitmachen? Lian streckte die Hand aus, um Doro reinzuziehen. Irgendwo hatte sie einen Fußball aufgetrieben, den sie im Rhythmus auf ihren Fußspitzen balancierte. Dann setzte Kamil mit dem Text ein. «Zurich, Yeshi town, mit Parks und See, like it, love it, move it.»

«Los, Yeshi, das ist für dich!»

Wer hatte gerufen? Meine Herzmama, meine Bauchmama? Meine Füße zuckten, die Musik wurde lauter, meine Arme schlenkerten, Lian machte einen Sprung fast bis zum Zürichsee hinunter und Kamil endete in einem Handstand. Dann war es still. Am Himmel glommen die ersten Sterne. Vom Balkon gegenüber ertönte ein Klatschen. Von einem anderen auch. Auf dem Bürgersteig waren Leute stehen geblieben. Der Opernhausplatz fiel mir ein, wo Doro, Lian und ich getanzt und Geld gesammelt hatten. Ich sah zu Doro. Sie hatte dasselbe gedacht wie ich. Sie zog ihre Mütze vom Kopf und gab sie Lian. Er ging von einem zum anderen und hielt ihnen die Mütze vor.

«Was macht er da?», sagte Mama. «Das geht doch nicht.»

«Doch», sagte ich. «Er sammelt. Für das Spendenprojekt in der Schule. Lian, Kamil und Lumi sind eine Gruppe.»

«Und du, Yeshi?», fragte Mama. Ich las in ihren Augen die Angst, dass ich nicht dazugehörte.

«Doro und ich haben eine eigene Gruppe. Zusammen mit Felix.»

«Was machen wir eigentlich?», fragte Doro. «Habt ihr euch etwas ausgedacht, Felix und du?»

«Klar», sagte ich. «Das Alva-Team in Aktion.»

Hundeflüsterer Kamil

Am nächsten Morgen stand ich ganz früh auf und malte die Alva-Team-Geschichte als Comic, eine kleine Zeichnung nach der anderen. Zum Glück ging Mama vor mir zur Arbeit, so sah sie die Löcherjeans und das bauchfreie T-Shirt nicht. Ich wusste genau, was sie dazu sagen würde.

«Nicht in die Schule, Yeshi.»

Aber ich wollte Felix beeindrucken, und das verstand Mama nicht. Ich kontrollierte dreimal, ob ich die Geschichte dabeihatte. Es war einfach dumm gelaufen gestern im Park. Felix konnte mich nicht gesehen haben, sonst wäre er zu mir gekommen. Das Gehabe der Krokodilmädels fand er auch blöd, es konnte gar nicht anders sein. Zur Sicherheit packte ich noch das letzte Stück Marmorkuchen für ihn ein. Wenn ich daran dachte, wie wir den anderen unser Projekt präsentieren würden, wurde ich ganz kribbelig. Zum Schluss fehlte noch der Familienbaumstamm. Der war gewachsen und sah mittlerweile ziemlich okay aus.

Rechtzeitig machte ich mich auf den Weg, um Kamil und Lola abzuholen. Das *Airbnb* von Papa lag in der Nähe des Sees. Charlene war bereits weg, weil sie ein Meeting hatte, Kamil war noch im Bad und putzte die Zähne. Papa bot an, uns zur Mops-Oma und zur Schule zu begleiten.

«Wir schaffen das gut allein, Papa», sagte ich.

«Sprichst du denn jetzt mit Kamil?»

«Nö. Gestern Abend war eine Ausnahme.»

«Obwohl er dir einen Song geschrieben hat?»

«Er ist ein verwöhnter Lümmel. Bekommt einfach so Jordans.»

Papa blieb der Mund offen stehen. «Ich hab dir auch welche mitgebracht.»

«Die will ich gar nicht. Ich lasse mich nicht kaufen.»

«Yeshi! Kamil hat ein halbes Jahr lang für die Turnschuhe gespart. Er führt Hunde aus, um Taschengeld zu verdienen. Charlene und Kamil haben es finanziell nicht leicht.»

Ich tat so, als ob es mich nicht interessierte. Aber natürlich hatte ich genau zugehört. «Na und?»

«Yeshi, sei nicht so störrisch.»

Ich funkelte Papa an. «Wenn du mir einfach ohne Vorwarnung einen Halbbruder vor die Nase setzt, musst du akzeptieren, dass ich etwas Zeit brauche.»

Noch nie hatte ich mit Papa so gesprochen. Ich wusste selbst nicht, woher die Worte gekommen waren.

Lange sah er mich an. Hielt meinem Funkelstarrblick

stand. Bis er zu mir kam und mich in den Arm nahm. Ganz vorsichtig, als ob ich gleich davonflattern würde.

«Es tut mir leid, Yeshi. Ich hätte es dir erzählen sollen. Aber ich ...»

«Du hattest Angst, schon klar. Vor all dem, was jetzt passiert ist.»

«Genau das wollte ich verhindern.»

«Das hättest du. Wenn du es mir früher gesagt hättest.»

Kompliziert. Ich weiß. Aber egal. Papa und ich umarmten uns. Er hatte mich verlassen. Nun war er wieder da. Einfach anders als vorher. Es tat weh, war aber okay.

«Ich hab dich lieb, Yeshi.»

«Ich hab dich lieb, Papa.»

Etwas fiel aus dem Rucksack zu Boden.

«Was ist das?» Papa deutete auf die zusammengeknüllte Zeichnung.

«Der Familienbaumstamm. Der ist heute in Französisch dran. Hast du meine Tante schon angerufen?»

Das war zu viel für meinen Papa, der nicht so gerne über Gefühle spricht. Er hatte es plötzlich eilig, und das hieß dann, dass er seine Schwester noch nicht angerufen hatte.

«Komm, Lola», sagte ich. «Gehen wir.»

Kamil kam dazu, in seinem Hoodie.

«Nice style», sagte er, als er mein Löcher-Outfit sah. Dann schwieg er.

Er war ein Morgenmuffel, dachte ich. Da fiel gar nicht

auf, dass ich nicht mit ihm sprach. Er schlurfte rechts von mir, Lola links. Sie war wohl auch noch müde, sie hatte keine Lust, ihr Geschäft zu erledigen.

«Mach schon, Lola.» Ich zerrte am Halsband. «Sonst kommen wir zu spät in die Schule.»

Kamil beugte sich zu ihr und kraulte sie am Hals. Und plötzlich war sie superfolgsam, sodass wir sie rechtzeitig bei der Mops-Oma abgeben konnten.

«Du bist ja ein richtiger Hundeflüsterer.» Mops-Oma strahlte.

Als Kamil nicht verstand, musste ich übersetzen. «Dog whisperer.»

Kamil nickte. «I love Lola-Mops.»

«Du darfst sie jederzeit zum Spazierengehen abholen. Und jetzt saust los, ihr zwei, sonst kommt ihr zu spät.»

Beim Weitergehen sah ich ihn von der Seite an. Vielleicht, irgendwann ... Ich vergaß alles, als ich Felix bemerkte. «Ich habe die Game-Story fertig», flüsterte ich ihm zu, während wir uns unter dem Geschnatter unserer Klasse an die Plätze setzten. Felix wurde dunkelrot, ich schwör's, man sah es besonders gut, weil seine Haut so hell ist.

«Da gibt's ein Problem. Ich habe vergessen, dir zu sagen, dass ...»

Herr Bernasconi unterbrach ihn, indem er in die Hände klatschte. «Leute, wir arbeiten an den Familienstammbäumen. Yeshi, Felix, Doro, ihr kommt zu mir!»

Er nahm uns vor die Tür.

«Es geht um das Spendenprojekt. Nachdem eure Gruppe leider aufgelöst wurde», sagte Herr Bernasconi, «dürft ihr zwei, Yeshi und Doro, wählen, wem ihr euch anschließen wollt. Felix wechselt in den Gymi-Klub.»

Spaltpilz Bianca

WAS? «Aber ich habe eine ganze Geschichte erfunden», sagte ich und zog die zerknüllten Seiten hervor. «Es heißt ‹Alva-Team in Aktion›. Es soll ein Game werden.»

Herr Bernasconi sah zu Felix. «Du hättest Yeshi doch Bescheid geben sollen.»

«Sie war ja gar nicht zuhause.»

«Weil wir uns im Park treffen wollten. Du warst zu spät.»

«Ich hätte dich angerufen, wenn du ein Handy hättest.»

«Du hast ja auch keines.»

Herr Bernasconis Lächeln wirkte angespannt. «Die Diskussion könnt ihr in der Pause führen. Zurück ins Klassenzimmer, ihr drei. Ich muss noch kurz zur Schulleitung.»

«Sorry, Yeshi», flüsterte mir Felix zu. «Das mit dem Game war keine gute Idee. Voll lame. Mach bei Lumi und Lian mit, da ist ja auch Kamil.»

«Wieso bist du nicht mehr dabei?»

«Ich habe gestern Abend ein Handy bekommen.»

WAS? Felix hatte die *Wer-bekommt-zuerst-ein-Handy-Challenge* gewonnen!

«Echt? Wie hast du das geschafft?»

Er sah verlegen aus. «Bianca hat mir gute Tipps gegeben, um meine Mam zu überreden.»

Also das hatte sie im Sinn gehabt, als sie ihn gestern im Park umgarnt hatte.

Doro mischte sich ein. «Hat sie dir ein Handy geschenkt, damit du in den Gymi-Klub gehst? Handy gegen Gymi-Klub?»

Felix zögerte. «Na ja ...»

«Das ist Erpressung», sagte Doro trocken. «Du willst doch gar nicht ins Gymi.»

«Für ein Handy mach ich alles.» Er zuckte die Schultern und ging zurück ins Klassenzimmer.

Mein Wutballon blies sich auf. Einen Moment lang hätte ich Felix am liebsten verprügelt. Oder Bianca. Schon wollte ich losrennen. Da packte mich Doro am Arm.

«Vergiss es! Er ist feige.»

«Ist er nicht. Bianca ist schuld.»

«Die ist ein echter Spaltpilz.»

Ich ballte die Faust. Spürte, wie mein Wutballon immer größer wurde.

«Es lohnt sich nicht, Yeshi!», sagte Doro. «Bianca intrigiert. Du hast ja gehört, der Bernasconi muss zur Schulleitung. Bestimmt hat sich ihre Mutter beschwert, wegen des Spendenprojekts.»

«Lass mich in Ruhe, G-Qualle!» Ich schüttelte sie ab. «Ich brauch Zeit.»

Doro ging rein. Sie weiß, wann ich es ernst meine. Code Stefano, flüsterte ich, Code Stefano. Immer wieder diese Worte. Schließlich holte ich die Alva-Team-Geschichte aus der Tasche und zerfetzte sie in tausend Schnipsel. Oder zehntausend. Und den Kuchen, den ich Felix mitgebracht hatte, aß ich selbst auf.

Im Klassenzimmer ignorierte ich Felix und Bianca, setzte mich neben Doro und konzentrierte mich voll auf den Familienbaumstamm. Meiner war mittlerweile mindestens so groß wie der der anderen. Die Blätter für Papa, Mama und mich hatte ich um die drei für Papas Schwester, ihren Mann und meine kleine Cousine Maffy ergänzt. Dazu kamen vier unbekannte Großeltern und zwei Blätter für Stefano und Mo sowie ein Mini-Blatt für ihr ungeborenes Baby. Oder gleich zwei. Es sah prima aus. Meine Laune hob sich ein wenig.

«Ich mal dich auch drauf, ich will nicht, dass Spaltpilz Bianca die größte Familie hat», sagte Doro leise neben mir. «Du bist ja wie meine Halbschwester.»

«Glitzerluftig», sagte ich. «Wenn man es so ansieht, gibt's plötzlich viel mehr Möglichkeiten.»

Doro grinste und machte das Daumen-hoch-Zeichen. Sie und Gian bekamen ein extragroßes pinkfarbenes Blatt. Und Lian ein blaues. «Er ist ja so ein Art Bruder.» Bald hatte ich alle Regenbogenfarben.

«Was ist mit Kamil?», fragte Doro.

Na ja. Warum eigentlich nicht? Kamils Blatt wurde karamellfarben und Charlenes kastanienbraun.

«Hat er keine Geschwister?», fragte Doro.

«Neun Halbgeschwister», sagte ich.

«Da hast du's», grinste Doro. «Die gehören auch zu dir.»

«Und zu dir.»

Doro war begeistert. «Ach so, ja cool. Logisch. Du wirst sehen, am Schluss hast du die größte Familie von allen.»

Und das wollte etwas heißen, bei einem Baum, der mit drei Blättern gestartet war.

Als Herr Bernasconi zurückkam, duften wir die Baumstämme vorne an die Tafel hängen. Wir mussten auf Französisch und im Chor sagen, wie die Worte hießen. Mère – Mutter, Père – Vater, Parrain – Patin, Tante – Tante, Oncle – Onkel, Cousin – Cousin, Frère – Bruder, Sœur – Schwester.

«Ich bin sehr zufrieden mit euch, très content», sagte Herr Bernasconi. «Ihr könnt stolz sein.»

Das war ich auch. Bis ich Biancas Blatt bemerkte. Ganz unten hatte sie Felix neben sich gezeichnet und mit einem Herzchen verbunden. Auf meinen Blick hin hob sie die Hand.

«Sie, Herr Bernasconi, wir verstehen etwas nicht. Es geht um Yeshis Zeichnung.»

Herr Bernasconi wirkte genervt. «Was ist damit? Die ist wunderschön bunt, so wie es sein soll.»

«Aber es heißt Stammbaum. Nicht Baumstamm, wie Yeshi geschrieben hat. Sie hat das Wort verdreht.»

«Ich weiß.» Herr Bernasconi lachte. «Ich muss zugeben, dass mir Yeshis Wortkreation besser gefällt als das Originalwort. Ich finde, ihr solltet alle Familienbaumstamm darüberschreiben.»

«Ich habe nachgeschaut. Auf Französisch gibt es dieses Wort gar nicht»

«Dann erfinden wir es.»

«Felix hat auch eine Frage.» Bianca puffte Felix von Neuem.

Er wurde rot und begann zu stottern.

«Wegen der Fake-Familie ...»

«Was meinst du damit?»

Felix verstummte.

Bianca reichte es. «Jetzt sag schon. Sonst erzähl ich es deiner Mutter.»

Felix schluckte. «Yeshi ist doch adoptiert. Das heißt, sie ist mit niemandem auf dem Stammbaum verwandt. Also ist er ein Fake.»

Fake-Yeshi

Ich rannte. Ich rannte und rannte. Auch der Code Stefano nützte nichts mehr. Da hatte ich so viele Stunden trainiert, um meinen Wutballon wegzukriegen, und dann machte Felix alles kaputt. Wie konnte er nur so etwas Hässliches sagen? Fake-Familie. Meine Familie war nur ein Fake. Nicht echt. Weil die Gen-Tiere meiner Eltern nicht meine waren. Keuchend hielt ich inne, um auch den Familienbaumstamm in tausend Stücke zu zerreissen. Ritsch! Darum war es so schwierig gewesen, darüber zu diskutieren. Ratsch! Meine Eltern waren ausgewichen. Und Stefano auch. Die Einzige, die ehrlich gewesen war, war Mo. Aber sie bekam nun selbst ein Kind. Aus ihren eigenen Genen. Ein echtes Kind und keinen Fake, so wie ich.

Fake-Yeshi. Ich stopfte die Schnipsel in den Rucksack und rannte weiter.

War ich ein Fake? Gar nicht echt? Fiel es den Leuten darum so leicht, mich zu beleidigen? Bianca und Felix. Mein Felix. Mit dem ich so cool abhängen konnte. Ausgerechnet er.

Spaltpilz Bianca, fanden Doro und Lian. Aber sie verstanden nicht. Sie konnten nicht verstehen. Sie waren weiß. Und ich war Schwarz. Black, hatte Kamil gesagt. Er war wie ich. Und doch nicht. Denn Kamil hatte eine Familie. Sein Stammbaum war kein Fake. Mit jeder einzelnen Person darauf teilte er einige Gen-Tiere. Bis auf mich und Papa. Aber zwei kleine Fake-Blätter spielten keine Rolle, wenn man so viele echte Blätter hatte. Bei mir war es anders. Bei mir waren alle Fake. Alle.

Plötzlich hielt ich inne. Ich stand in einem Hinterhof in der Altstadt. Vor dem Häuschen von Stefano und Mo. Meine Beine hatten mich dahin getragen. Ich schaute durchs Fenster. Mo lehnte sich an den Herd. Sie wartete auf ihr Teewasser. Mit der einen Hand scrollte sie über ihr Handy. Mit der anderen strich sie über den Bauch. Ich sah vor mir, wie daraus ein Bäumchen wuchs, mit zwei winzigen Blättern, die größer wurden und sich entfalteten, bis daraus wieder neue Bäume wuchsen. Aus mir würde nie ein Baumstamm. Ich war ein baumelndes Blatt im Wind. Kein Wunder, dass Felix mich nicht wollte.

«Yeshi?» Stefano hatte das Fenster zu seinem Laden aufgemacht und sah hinaus. «Was ist los?»

«Du hast mich angelogen. Weder das supersture Gen von Mama kann ich erben, noch Papas Ausflugsgen. Weil ich nicht ihre Gene habe. Ich bin nur adoptiert.»

Stefano machte den Mund auf. Dann wieder zu. Er wusste nicht, was er sagen sollte. Das war sehr schlimm.

Wenn Stefano keine Worte mehr hat, gibt's auch keine mehr. Der Code Stefano war gelöscht.

Ich rannte davon.

«Yeshi!», schrie Stefano hinter mir.

«Ich brauche ein bisschen Zeit für mich, Stefano», schrie ich zurück. «Bitte ruf nicht meine Eltern an. Bitte, bitte. Ich gehe später nach Hause, versprochen.»

Meine pfefferminzgrünen Turnschuhe trugen mich. Auf sie konnte ich mich verlassen, auch wenn sie abgelatscht und zerlöchert waren. Sie brachten mich zur anderen Seite der Stadt, dorthin, wo Sitina, der kleine Tulu und Baby Blen wohnten. Sie stammten aus Eritrea. Mama und ich besuchen sie manchmal.

Aber als ich bei Sitina ankam, stand ein anderer Name auf dem Türschild.

«Sie sind weggezogen», sagte eine Nachbarin, die ich vom letzten Besuch her kannte. «Die Wohnung ist zu teuer geworden. Ich weiß nicht, wohin. Schwierig, mit der Familie, sie wollte einfach kein Deutsch lernen. Ich habe sie bis zum Schluss kaum verstanden. Das geht nicht so. Sie müssen sich schon integrieren wollen.»

«Wen meinen Sie mit ‹sie›?», fragte ich. «Die Schwarzen? Wie ich?»

Die Frau wurde dunkelrot. «Nicht du, Yeshi, du bist super integriert. Und sprichst wunderbar Schweizerdeutsch.»

«Was soll ich denn sonst reden? Ich lebe bei meiner Mama und meinem ...» Die Worte blieben mir im Hals stecken. Meine Fake-Mama und mein Fake-Papa.

Nein, sagte Mamas Stimme in meinem Kopf, wir sind deine Herzmama und dein Herzpapa.

Tja, Mama, das habe ich geglaubt, als ich ein Baby war. Auch im Kindergarten, selbst in der vierten Klasse. Aber jetzt funktioniert es nicht mehr.

«Wenn Sie erfahren, wohin sie gezogen sind, können Sie mir dann Bescheid geben?», sagte ich zur Nachbarin.

Sie war ziemlich kleinlaut. «Klar, Yeshi, wie ist deine Handynummer?»

Ich gab ihr die von Mama.

Dann rannte ich wieder ins Zentrum zurück. Nach Hause zu gehen, darauf hatte ich überhaupt keine Lust. Ich wusste genau, was da ablaufen würde. Sie würden am Tisch sitzen, Papa und Mama. Sie würden mich umarmen, mich zum Reden überreden und sich bei mir entschuldigen.

Ja, entschuldigt euch nur, dass ihr mich hergeholt habt, in dieses Land, wo es komisch ist, dass ich Schweizerdeutsch spreche, und wo der Krieg der Gen-Tiere von den echten Baumstämmlern gewonnen wird! Und danach, wenn ihr mir alle erklärt habt, warum es falsch ist, davonzulaufen, würde ich mich auch entschuldigen, den Code Stefano anwenden und meinen Wutballon so lange pieken, bis er Ruhe gab. Das übte ich jetzt, seit ich denken konnte. Nur jetzt gerade wollte ich das nicht. Was ich wollte, war mir auch nicht klar, nur dass es nicht das war.

Ich sah auf meine Uhr. Fünf vorbei. Es blieb mir nicht

mehr viel Zeit, bis meine Eltern anfangen würden, mich zu suchen. Nie mehr, Yeshi, nie mehr darfst du einfach verschwinden. Das hatte ich ihnen versprochen. Vielleicht kann Relia dir helfen, dachte ich plötzlich. Relia ist auch adoptiert. Sie kann dich verstehen.

Der Artergut-Park war voller Menschen. Als ich Relia erblickte, erfasste mich ein warmes Gefühl. Sie winkte mir zu.

«Yeshi!», jubelten Amira und Banu und sprangen an mir hoch wie kleine Äffchen. Mit je einem Mädchen auf dem Arm trat ich zu Relia, nachdem ich mich vergewissert hatte, dass die Krokodilmädels nicht da waren. Auf dem Tisch lagen einige Zitronen, ein Büschel Pfefferminze, daneben standen ein Krug Wasser und eine Schüssel mit Zucker.

«Ich mache einen Limonendrink.»

«Was ist der Unterschied zwischen Limonen und Zitronen?»

«Beides dasselbe», sagte Relia. «Willst du ein Glas? Du siehst verschwitzt aus.»

Blitzschnell gab Relia alle Zutaten in den Krug und rührte um. Aus einer Kühlbox holte sie Eiswürfel. Es klirrte gemütlich. Und der Drink schmeckte köstlich, viel besser als meiner, er löschte meinen Durst auf der Stelle.

«Lecker», sagte ich.

«Süßsauer», sagte Relia.

«Das ist echte Limonenmagie. Darf ich noch ein Glas haben?»

Relia hatte mir bereits nachgeschenkt.

«Wie ist es für dich, adoptiert zu sein?», platzte ich mit meinem Anliegen heraus, nachdem ich auch das zweite Glas geleert hatte.

Relia überlegte. «Banu, Amira, wollt ihr mal zum Sandhaufen gehen?» Das ließen die beiden sich nicht zweimal sagen, Banu rannte voraus, Amira hüpfte hinterher.

«Adoptiert sein?» Relia bot mir den Platz neben sich auf der Bank an. «Es ist in Ordnung.» Sie sprach langsam in ihrem schönen Hochdeutsch, das ein wenig wie Französisch klang. «Meine Mama ist eine sympathische Spinnerin. Sie hat früher Teppiche geknüpft, jetzt, da ihre Finger kaputt sind, erzählt sie den ganzen Tag Geschichten. Mein Papa macht irgendwelche Geschäfte. Ich bin ihr einziges Kind.»

«Wie ich», sagte ich.

Relia fuhr fort. «Kennst du deine leibliche Familie?»

«Nein», sagte ich.

«Ich schon.»

«Oh.» Damit hatte ich nicht gerechnet.

«Ich habe zwei Halbgeschwister und einen Vater. Wir haben kaum Kontakt. Sie mussten mich weggeben, weil meine Mutter gestorben ist.»

Tausend Fragen fielen mir ein. «Und wie war es?»

Sie wusste genau, was ich meinte. «Das erste Mal, als ich sie sah? Es fühlte sich an wie ein Puzzleteil, das an die richtige Stelle fällt. Es war nicht besonders schön, nicht vertraut, sehr fremd. Es knirschte beim Einfügen, sodass ich ein wenig Gewalt anwenden musste. Und trotzdem war es richtig. Weißt du, was ich meine?»

Mein Herz begann so zu flattern, dass mir ganz schwindlig wurde.

«Und hast du danach deine Herzeltern weniger geliebt?»

Das war sie. Die ultrawichtige megakrassschlimme Frage.

«Nein.» Relia lächelte. «Danach waren einfach noch mehr Menschen in meinem Herzen.»

«Dein Herz ist gewachsen?»

«Komisch, nicht? Es war schon davor groß und wurde noch viel größer.»

Oh, wie gut ich das verstand. Nur schon beim Zuhören spürte ich, wie mein Herz zuckte, sich streckte und sich nach allen Seiten ausdehnte.

«Dass ich plötzlich Geschwister hatte, hat mir am meisten Freude gemacht», erzählte Relia weiter. «Am besten verstehe ich mich mit der Frau meines Halbbruders. Sie ist die Schwester geworden, die ich nie hatte.»

Kamil fiel mir ein. «Obwohl sie gar nicht deine Gen-Tiere hat?»

Das mit den Gen-Tieren musste ich Relia erst erklären, was nicht ganz einfach war. Sie missverstand mich irgendwie, es ist ja auch wahnsinnig kompliziert. Mo sollte jetzt hier sein, dachte ich, während ich rumstotterte.

«Ach so, du willst wissen, wie ich es herausgefunden habe, dass ich adoptiert bin?»

Nein, das meinte ich nicht. Aber plötzlich war es so eine interessante Frage, dass ich die Gen-Tiere auf der Stelle vergaß.

«Wusstest du es nicht von Anfang an?»

«Nein. Meine Adoptiveltern trauten sich nicht, es mir zu sagen. Ich war sechzehn, als sie sich endlich überwunden haben. Die Zeit danach war schwierig. Ich wollte unbedingt meine leibliche Familie kennenlernen. Meine Eltern waren nicht einverstanden, da hatten wir viel Streit. Schließlich habe ich jemanden gefunden, der Familien zusammenführt. Heute geht das viel einfacher als früher.»

Mein Herz flatterte. «Arbeitet der in Beirut?»

«Alles lief nur übers Internet, wir haben einmal geskypt. Ich habe keine Ahnung, wo er lebt.»

«Das heißt, jeder könnte ihn anrufen.» Ich wurde ganz nervös. «Wie heißt er?»

«Travel-Chad. Aber er war nicht sehr ... wie sagt man das?» Relia überlegte. «Nicht sehr seriös. Und es ist schon einige Jahre her. Ich weiß nicht, ob er noch solche Sachen macht.» Sie warf mir einen Blick zu. «Oh, da habe ich dich auf eine dumme Idee gebracht. Ich würde mit der Wurzelsuche warten, Yeshi. Du bist noch ein wenig jung dafür.»

Fand ich nicht. Travel-Chad. Den Namen würde ich mir ganz fest einprägen.

«Im Ernst, Yeshi, frag deine Mama um Rat. So etwas sollst du nicht alleine machen.»

«Ich habe Durst», schrie eine hohe Stimme.

In unserer Nähe war ein Mann stehen geblieben, sein kleiner Sohn zerrte an seinem Arm und er sah die ganze Zeit zu uns her. Nach einer Weile kam er zu uns.

«Entschuldigt den Überfall, aber könnten wir etwas davon haben? Mein Sohn ist am Verdursten. Es sieht so lecker aus.»

Er deutete auf mein halbleeres Glas, wo die Eiswürfel geschmolzen waren und einige Zitronenstücke um das Pfefferminzblatt schwammen.

«Klar», meinte Relia und füllte einen Plastikbecher mit dem magischen Limonenwasser.

«Wie viel kostet das?», piepste der kleine Junge.

«Zwei Franken», sagte ich schnell.

Schon zog der Papa sein Portemonnaie, gab dem Kleinen ein Fünfranken-Geldstück.

«Das ist mit Trinkgeld», sagte er. «Ihr habt mich gerettet.»

«Schau, du kannst es hier in die Büchse werfen», sagte ich und hielt dem Kleinen meine Lunchbox hin. Es klapperte.

«Wir hätten auch gerne zwei Gläser.»

Hinter dem Mann war eine Frau mit ihren Töchtern aufgetaucht.

«Yeshi», flüsterte Relia, während ich einschenkte. «Das geht nicht. Wir dürfen das nicht verkaufen.»

«Wieso nicht? Sie haben keinen Durst mehr und wir haben etwas verdient.»

Ich fand das *Win-win*, wie Mama immer sagt.

Relia zweifelte. «Da, Yeshi.» Sie wollte mir das Geld geben, das sie von der Frau bekommen hatte. Es waren zehn Franken, auch sie hatte Trinkgeld dagelassen.

«Nein, spinnst du», sagte ich. «Das ist für deine Familie. Es fehlen zwar noch ...» Ich überlegte, wie viel Geld Relia noch brauchen würde, um den Wiederaufbau der Wohnung zu bezahlen. «... zweitausendneunhundertfünfundachzig Franken. Aber es ist ein Anfang.»

«Du kannst gut rechnen.»

Ich war megastolz. «Ich habe es trainiert. Mit Doro und Stefano. Der bringt mir alles Mögliche bei. Code Stefano.» Der war nämlich nicht gelöscht, sondern nur mal kurz verschwunden.

Als Relia protestierte, schüttelte ich den Kopf. «Bitte, Relia. Ich brauche das Geld nicht. Ich habe alle guten Dinge der Welt.»

Relia lenkte ein. «Einverstanden, Yeshi. Hast du einen Zettel?»

Sie schrieb mir ihre Telefonnummer auf.

«Falls du eine Frage hast, wegen der Adoptions-Sache, kannst du mich jederzeit anrufen, wirklich.»

Meine Schmetterlinge tanzten Ringelreihen vor Freude. Nun hatte ich eine Freundin gewonnen, die mich richtig, richtig gut verstand.

«Das mache ich, und dann kommst du mal zu uns zum Kaffee. Meine Mama kann eine äthiopische Kaffeezeremonie machen. Das hat sie gelernt. Und mein Papa hat mir ein wenig Amharisch beigebracht, dass ist die Sprache von Äthiopien.»

Augenblatt-Tränen

Als ich Mama und Papa sah, die bereits auf mich warteten, musste ich sie als Erstes ganz fest umarmen. Sie wussten nicht, was ich gerade dachte, wie erleichtert ich war, dass ich sie immer lieben können würde und kein schlechtes Gewissen haben musste, wenn ich über meine Baucheltern nachdachte. All das wussten sie nicht. Aber sie spürten bestimmt, dass der Moment wichtig war für mich. Auf jeden Fall standen wir eine ganze Weile ganz eng umarmt.

Bis Mama sich löste.

«Yeshi», sagte sie. «Wir müssen mit dir reden.»

«Ich weiß. Mo hat euch angerufen», sagte ich. «Gleich nachdem ich weg war. Gebt es zu!»

Sie sahen sich an. Mama machte den Mund auf.

«Halt, nicht sagen. Ich will es gar nicht wissen.»

Sie klappte ihn wieder zu.

«Es ist nämlich alles wieder in Ordnung.» Ich holte die Papierschnipsel aus dem Rucksack. «Die anderen haben keine Ahnung. Das ist mein Baumstamm. Egal, ob da irgendwelche Gen-Tiere im Stamm krabbeln oder nicht.

Den setze ich wieder zusammen, helft ihr mir?»

Mama holte sogleich Kleber und eine Schere, auch Papa sah total erleichtert aus.

«Du nimmst mir die Worte aus dem Mund», sagte er und klang wie Herr Bernasconi. «Genau das hätte ich dir auch erklärt. Kluges Mädchen, Yeshi. Wir sind deine Familie. Und die ist bunter und vielfältiger als bei vielen anderen. Und weißt du was, das ist die Zukunft.»

Eine Weile lang klebten wir vor uns hin, Papa erzählte von seinem Tag, Mama von ihrem und ich von Mos Baby und meinem neuen Job als Patentante. Bis der Baum fertig war.

«Ein Patchworkbaum», sagte Mama.

«Mit Regenbogenmagie.»

Wir lachten alle drei.

Papa wollte, dass ich ihm jedes Blatt erklärte, für wen es stehe. Er überschlug sich vor Begeisterung, als er Kamils Namen entdeckte.

«Dann sprichst du jetzt mit ihm?», sagte er.

«Ich hab's dir schon mal erklärt, nur weil er zu meiner Familie gehört, muss ich ja nicht mit ihm sprechen. Du sprichst ja auch nicht mit deiner Schwester. Oder hast du sie angerufen?»

Da schwieg mein armer Papa. Und bedauerte bestimmt für einen Moment, dass er mich adoptiert hatte. Ich musste furchtbar kichern. Innerlich. Äußerlich setzte ich mein strengstes Yeshi-Gesicht auf und beobachtete, wie Papa kleinlaut mit seinem Handy abzog.

«Ich geh dann mal telefonieren.»

Mama sah mich seltsam an. Neben der Funk-Handy-Mama-Stimme hat sie so Antennen, mit denen spürt sie alles. Vor allem das, was ich nicht sage.

«Was ist passiert, Yeshi?», fragte sie. «Als du bei Stefano weg bist, warst du verzweifelt.» Sie sah mir in die Augen.

Sofort kamen mir die Tränen, rollten einfach hervor und über die Wangen, obwohl ich sie gar nicht bestellt hatte.

«Was ist das nur, Mama, einen Moment bin ich überglücklich, dann bin ich ...»

«Abgrundtief traurig», sagte Mama und nahm mich in den Arm. «Das nennt man Pubertät, mein Mädchen.»

Sie drückte mich und es war mir nicht peinlich. Am liebsten hätte ich mich in meine Mama hineinverkrochen.

«Früher hast du dich manchmal auf meinem Schoß zusammengerollt», sagte sie leise.

«Wie ein Kätzchen», sagte ich und schnurrte ein wenig.

«Kannst du mir über die Augenblätter streichen, bitte?»

Sie streichelte mich, bis ich ganz ruhig wurde.

Dann beschloss ich, ihr fast alles zu erzählen.

Die Sache mit dem Familienbaumstamm, das missratene Game-Projekt, dass ich nun mit Doro zusammen in Lians Gruppe war, von der japanisch-ghanaisch-englisch-schweizerischen Gassenküche. Nur das Adoptions-Gespräch mit Relia und die Sache mit Travel-Chad verschwieg ich ihr. Es war besser, darüber zu sprechen, wenn ich genug herausgefunden hatte, sonst würde Mama Angst bekommen. Das passiert immer, wenn es um meine Bauchеltern geht. Jedes Mal, wenn wir mein Äthiopienalbum anschauen, wird sie ganz fahrig, blättert eilig über die Seiten und holt schnell das zweite Album hervor, da wo ich meine ersten Schritte in der Schweiz gemacht habe. Und darum war die Sache mit Travel-Chad mein ureigenes privates Yeshi-Ding. Dafür erzählte ich Mama von Sitinas Wegzug. Dass die Wohnung zu teuer geworden sei für sie.

Sie war ganz entsetzt und wollte sich sofort daranmachen, Sitina zu finden.

«Mama, ich habe eine Idee.»

Mama blieb stehen. Ihr Blick war vorsichtig. «Jaaa?»

«Die Wohnung unter uns wird doch frei. Könnte Sitina nicht bei uns einziehen?»

Mama überlegte. «Die Wohnung ist größer als unsere und ...»

«Und teurer, ich weiß. Sie könnten sie nicht bezahlen. Aber WIR könnten das vielleicht. Dann hätten wir ein Zimmer mehr und Sitina könnte unsere Wohnung haben. Bitte, Mama, ich will auch nie mehr Taschengeld, und die Jordans von Papa verkaufen wir auch, die sind neu, die geben bestimmt fast eine Miete her.»

«Und das Handy? Würdest du auch darauf verzichten?»

Ich schluckte. Das war echt fies von Mama. «Okay. Aber nur, wenn ich unser Notfallhandy haben darf.»

Das darf ich manchmal benutzen, wenn ich lang unterwegs bin und zu Hause anrufen muss. Es kann nur telefonieren und SMS schicken.

Ich hob die Hand. «Deal, Mama?»

«Deal, Yeshi.» Sie strahlte. «Kluges Mädchen. Weißt du was? Ich ruf Tigists Mama an. Sie weiß bestimmt, wo Sitina jetzt lebt.»

Tigist habe ich zur selben Zeit kennengelernt wie Sitina. Sie ist ein wenig älter als ich und auch aus Eritrea. Weil sie in einem anderen Kanton lebt, sehe ich sie nur selten. Ihre Mama und meine Mama sind befreundet.

«Das ist eine glitzerluftige Idee», sagte ich. «Die könnte von mir sein.»

Mama wollte ihre Suche gleich starten und verzog sich zum Telefonieren in mein Schlafzimmer, während Papa unten im Garten stand. Seine Stimme klang leise, kaum hörbar bis zu uns in den dritten Stock. Aber immerhin sprach er. Das hieß, er hatte seine Schwester erreicht. Da alle dabei waren, etwas herauszufinden, würde ich das auch tun. Ab und zu bin ich als Agentin unterwegs, und wie ihr vielleicht wisst, bin ich sehr erfolgreich.

Yesherche

Mamas Laptop stand aufgeklappt auf dem Küchentisch. Als ich «Travel Chad» eingab, ploppten eine ganze Menge Seiten auf. Alle auf Englisch. Wäre cool, wenn Kamil jetzt hier wäre. Oder wenn ich ihn anrufen könnte. Allerdings müsste ich dann mit ihm reden. Die meisten Seiten waren Reisehinweise für das afrikanische Land Tschad. Hatte ich Relia richtig verstanden?

Ich versuchte es erneut. Vergeblich. Vielleicht sollte ich mal «Adoption Äthiopien» eingeben? Da ploppten viele Seiten auf, aber nichts über Baucheltern-Suche. Also noch mal von vorne. «Yeshi», rief Mama aus dem Schlafzimmer. «Magst du mal kommen? Tigist würde gerne mit dir quatschen.»

«Gleich, Mama», rief ich.

Vielleicht hatte ich «Chad» falsch geschrieben.

Ich probierte es mit einem *J*. Dann mit einem *Sch*. Nichts, immer nur Informationen und Reisewarnungen für das Land Tschad.

«Yeshi, bitte»

«Ich bin schon unterwegs, Mama. Frag Tigist, wie es ihr im Gymi gefällt.»

Noch einen Versuch gab ich mir. Denk nach, Yeshi, wie könnte man es noch schreiben. Die Buchstaben tanzten in meinem Kopf. Bis ich einen Bindestrich zwischen die beiden Worte setzte. Travel-Chad. Pling mit Schreibmagie. Eine Seite ploppte auf. Ich sah einen braungebrannten Mann mit Sonnenbrille. Chad. Neben ihm eine Frau namens Aurélie mit langen glänzend-glatten Haaren. Die beiden führten Wurzelsuchereisen auf der ganzen Welt durch, stand da. Auf der ganzen Welt? Hm, ob ich das glauben sollte? Irgendwie hatte ich erwartet, dass sie anders aussahen. So schnell ich konnte, las ich die erste Seite durch, mit der Übersetzungsfunktion.

Bist du adoptiert? Suchst du nach deinen Eltern? Melde dich bei uns und wir helfen dir weiter. Wir haben Zugriff auf viele Datenbanken. Unsere Erfolgsquote ist fast hundert Prozent.

Hundert Prozent. Das hieß, dass dieser Travel-Chad meine Baucheltern finden würde. Blitzschnell scrollte ich durch die Seite. Man musste seinen Namen, seine Handynummer und seine Mailadresse angeben. Dazu den Geburtsort, das Geburtsjahr und den Ort, wo man bis zur Adoption gelebt hatte.

Oh Mist, das wusste ich alles gar nicht.

«Yeshi, kommst du jetzt bitte?»

«Gleich, Mama!»

Aufgeben? Nicht, nachdem ich so viel herausgefunden

hatte. Ich tippte meine Schulmailadresse ein, dazu meinen Geburtstag und die Stadt Addis Abeba, meinen Herkunftsort. Dann drückte ich auf *Send*. Es ging nicht.

Mistmistmist. Man brauchte eine Handynummer. Doros, Lians, Lumis? Oder die von Felix? Nein, das passte irgendwie nicht. Relia vielleicht? Aber sie hatte mir davon abgeraten. Mein Blick fiel auf den Notizblock neben dem Festnetztelefon. Da stand die Handynummer von Charlene. Und die von Kamil. Meine Mama hatte sie notiert. Ich hörte die Tür zu meinem Schlafzimmer. Ohne zu überlegen, tippte ich Kamils Nummer ein. Samt der Vorwahl für England.

«Yeshi!»

Als ich das Laptop zuklappte, stand Mama vor mir.

Mein Herz machte Saltos vor und zurück. Hatte sie etwas gesehen?

«Was machst du da?»

«Was total Spannendes, Mama», sagte ich.

Irgendetwas musste ich erzählen, etwas, das sie mir glaubte. Nur nicht die Wahrheit. Sie würde nicht wollen, dass ich Travel-Chad anschrieb, das wusste ich mit steinfelsbetonharter Gewissheit.

«Yeshi?», fragte Mama.

Da half mir meine Bauchmama, sie flüsterte mir etwas ins Ohr. «Ich habe eine Idee für ein Spendenprojekt.»

«Ich dachte, ihr macht eine Gassenküche?»

«Meine Idee ist besser. Glitzerluftig. Yeshi-Style.»

Der Plan

Die Schule war aus. Vor uns lag ein langes Wochenende. Lian, Kamil, Doro und Lumi saßen auf der Treppe beim grünen Busch. Ich lehnte am Geländer und erklärte ihnen den Plan. Ich hatte ihn über Nacht ausgearbeitet. Er war sehr ehrgeizig. Aber ich finde, man muss sich hohe Ziele setzen im Leben. Sagt auch Stefano.

«Wir verkaufen Drinks und sammeln damit für eine Familie im Libanon.»

«Libanon?», sagte Doro. «Wieso nicht Afrika?»

«Das erklär ich nicht noch mal.»

«Ich verstehe es einfach nicht. Du hast einen Bezug zu Afrika, Kamil auch.»

«Es ist uns peinlich. Ihr würdet ja sozusagen für uns sammeln.»

«Also streng genommen sammeln wir für arme Menschen. Ihr seid ja nicht arm.»

Mann, Doro, sie wollte mir einfach nicht zuhören.

«Verstehst du nicht? Im Libanon gab es eine Explosion und die Leute haben Hilfe nötig.»

«Das war doch letztes Jahr.»

«Das ist der Punkt. Alle denken, weil es einige Zeit her ist, ist es wieder gut. Stimmt nicht. Den Menschen geht's ziemlich dreckig.» Ich erklärte, was Relia mir erklärt hatte.

«Zwei Zimmer für acht Menschen?», fragte Lian.

Er dachte wohl an seine Zehnzimmervilla.

«Internet ist ein Problem, Wasser, Elektrizität. Ich finde, die können jede Hilfe gebrauchen.»

Doro war nicht überzeugt. «Das könnten andere auch.»

«Es ist persönlich. Für Relia, Banu und Amira und für ihre Familie.»

«Du kennst sie, wir nicht.»

«Ich stelle sie euch vor. Sie helfen bestimmt auch mit.»

Doro zögerte immer noch.

«Bitte, Doro. Bei manchen Spendenprojekten verschwindet das Geld einfach. Hier wissen wir genau, wo es hingeht. In ein neues Bett für Banu und Amira, in einen Schreibtisch für Relia, eine Küche, eine Badewanne.»

«Das klingt einleuchtend.» Lian sah zu Doro, Kamil und Lumi. «Was meint ihr?»

«Für Libanon zu sammeln finde ich gut.» Lumi nickte. «Aber mit Drinks? Was ist mit dem japanisch-ghanaisch-englisch-schweizerischen Essen? Ich wollte Sushi selbst machen.»

Lian nickte. «Und ich Rösti mit Käse. Und du Fufu mit Koch-Bananen, gell, Kamil.»

«Was ist das?», fragte ich.

«Ein Essen aus Ghana, etwas kompliziert», sagte Lian.

«Das habt ihr's», sagte ich. «Es wird total kompliziert. Wir müssen kochen. Und wo wollen wir das verkaufen? Und wem? Und wie?»

Darüber hatten die anderen sich keine Gedanken gemacht.

«Ich finde, Yeshi hat einen Punkt», sagte Kamil auf Englisch.

Es stellte sich heraus, dass er die Koch-Idee auch nicht so toll fand. «Something simple wäre besser.»

«Darum schlage ich euch die Drinks vor.» Ich holte meine Zeichnung raus und klebte sie ans Treppengeländer.

«Ich habe mir alles überlegt. Wir brauchen einen fahrbaren Wagen, dazu Zitronen, Zucker, jede Menge Wasser, Eiswürfel, Pappbecher und eine große Kasse. Am Wochenende wird es sehr heiß. Wenn wir uns morgens im Artergut-Park hinstellen, ist unsere Kasse abends voll.»

«Ich verstehe nur Bahnhof, Yeshi», sagte Doro. «Warum ist das Wetter wichtig?»

«Was muss der Mensch immer? Wir haben es beim Bernasconi gelernt. Als es ums Fasten ging, erinnert ihr euch. Na?»

«Trinken?»

«Voll», sagte ich. «Zum Beispiel einen kühlen Limonendrink bei dreißig Grad im Schatten.»

Doro blieb skeptisch. «Sorry, aber mit Zitronenwasser können wir kein Geld verdienen.»

«Doch. Einige kleine Jungs haben das letztes Jahr im Londoner Lockdown gemacht und damit einiges erwirtschaftet. Ich habe es gestern Nacht *yesherchiert*. Die waren überall in den Medien.»

Lumi als unser Mathebrain war sehr interessiert. «Wie viel ist da reingekommen?»

«Ich hab's vergessen», sagte ich. «Wir brauchen auf jeden Fall zweitausendneunhundertfünfundachzig Franken.»

Als die anderen die Zahl hörten, schwiegen sie erst, dann schüttelten sie die Köpfe, Lian übersetzte für Kamil.

«An einem Wochenende willst du so viel verdienen?» Er wandte sich an mich. «Mit Limonendrinks für zwei Franken? Das kannst du vergessen.» Er sah einen nach dem anderen an. «Stellt euch vor, wie viele Drinks wir verkaufen müssten.»

So schnell konnte nicht mal Lumi rechnen. «Sehr, sehr viele.»

Auf dieses Argument war ich vorbreitet. «Wir verdienen ja nicht vor allem an den Drinks. Sondern am Trinkgeld.»

Ich erzählte den anderen, wie das gelaufen war mit dem Papa und seinem Sohn, die so dankbar gewesen waren, dass sie uns mehr Geld gegeben hatten, als die Drinks kosteten.

«Das ist unsere Chance. Meine Mama sagt, dass in der Schweiz einige Leute viel zu viel Geld haben.»

Kamil mischte sich ein. «Was diskutiert ihr da? Ich verstehe keine Wort.»

Nachdem Lian Kamil eine Zusammenfassung gegeben hatte, ließ der einen Schwall auf Englisch los, den Lian wiederum für uns übersetzte.

«Kamil sagt, du hast voll recht. Er findet die Schweiz sehr reich. Er sagt, die Straßen im Quartier, wo sein *Airbnb* ist, werden jeden Morgen geputzt. Und ein Kaffee kostet fast fünf Pfund. So viel verdient in London ein Barista pro Stunde.»

«Was ist ein Barista?»

«Barmann für Kaffee. Er wäre gerne ein Barista. Und würde ganz viel Trinkgeld bekommen, wie Yeshi gesagt hat.»

«Das meine ich», sagte ich aufgeregt. «Wir müssen einfach dafür sorgen, dass möglichst viele im Artergut-Park vorbeikommen, einen Drink nehmen und uns ein megakrasses Trinkgeld geben.»

Lumi hatte ich überzeugt.

«Ich bin dabei. Aber wir müssen den Leuten mehr bieten als nur eine Limonade. Wir brauchen Informationen über Beirut, Fotos, Berichte. Am besten etwas von Relias Familie. Nur wenn du den Leuten eine gute Story erzählst, Yeshi, werden sie mehr Geld dalassen, als sie müssen.»

Alle staunten Lumi an. Sie rückte ihre Brille zurecht.

«Ein solides Geschäftsmodell ist alles.»

«Was ist mit den Ausgaben?», fragte Doro. «Damit ihr Tausende von Drinks einschenken könnt, müsst ihr ja irgendwie einkaufen, Zitronen, Eis, Zucker.»

«Dafür geben wir unser Taschengeld», sagte Lumi. «Man nennt es Vorfinanzierung.»

«Und bekommen wir das wieder zurück?», fragte Lian.

«Falls wir unser Spendenziel erreichen. Ansonsten ist das unser Anteil.»

Ich sah meine Freunde an. «Und?»

«I like it.» Kamil hob die Hand. «Voll der coole Yeshi-Style.»

«Okay.»

«Ich mache mit.»

«Ich auch.

«Wenn's denn sein muss.» Plötzlich grinste Doro. «Ich bin dabei, wenn ich dem Projekt einen Titel geben darf.»

Limonendrinks für Libanon

Am Samstag war ich auf den Beinen, bevor es hell wurde. Am Abend davor hatte ich meine Eltern über unseren Plan informiert. Sie liehen uns drei Kühltaschen und eine Stellwand aus, auf der wir die Informationen präsentieren konnten. Außerdem spendeten sie Becher aus Bio-Plastik. Ich packte alles in den Handkarren von der Mops-Oma. Samt Lola. Sie war unser Lockhund.

«Wenn sie Männchen macht, spenden die Leute noch mehr», erklärte ich.

Die Mops-Oma musste sehr lachen und gab mir eine Zwanzigernote. «Bring mir einen Limonendrink heim, ich bin schon gespannt.»

Dann ging ich los. Es war komisch, mit dem Karren durch das leere Samstagszürich zu ziehen. Zum Glück war Lola dabei, sonst hätte ich mich einsam gefühlt. Im Gehen überlegte ich mir noch mal die Einteilung. Lian war zuständig für das Publikum. Er würde dafür sorgen, dass die Leute auf uns aufmerksam wurden. Erst hatte er nicht gewollt.

«Leute animieren ist doch eher dein Ding, Yeshi», hatte er gesagt.

«Aber ich muss dafür sorgen, dass alles läuft. Außerdem, wer ist der Profitänzer von uns?»

Als er immer noch zögerte, grinste ich ihn an. «Damit überwindest du deine Scheu. Nachdem du die Ersten angesprochen hast, macht es dir nichts mehr aus.»

Das hatte ihm total eingeleuchtet.

Lumi war zuständig für die Informationen über Beirut und die Kasse.

«Ich nehme meinen Tresor mit», sagte sie. «Ich habe so einen für meine Ersparnisse. Den leihe ich uns aus.»

Kamil war der Limonen-Barista. Er würde den Leuten die Getränke abgeben. Und ich würde überall da einspringen, wo Not an der Frau war.

Im Park wartete Relia schon auf mich, beladen mit Taschen voller Zitronen. Eine Nachbarin passte auf ihre Kinder auf und würde später mit ihnen vorbeikommen.

In dem Moment kamen die anderen angerannt, superpünktlich. Nachdem Lumi Fotos vom zerstörten Beirut und Relias kaputter Wohnung an die aufgeklappte Stellwand gehängt hatte, schrieb sie mit bunten Filzstiften Zahlen und Informationen auf ein Plakat. Wie viel zerstört worden war. Wie sehr es an Material für den Wiederaufbau fehlte. Und vor allem, wie viel Geld wir benötigten und was Relia damit kaufen würde.

Lumi hatte sich was Tolles dazu überlegt, einen Comic: *Ein Tag im Leben von Relias Familie.*

Relia war megagerührt und wusste nicht, was sie sagen sollte.

«Komm, wir bereiten die Drinks vor.»

Sie schnitt die Zitronen in kleine Stücke und ich füllte die Krüge mit Wasser. Doro hatte einen Campingtisch mitgebracht, auf dem wir alles aufbauen konnten. Dazu viele Mützen.

«Aus meiner Sammlung», grinste sie.

Grüne, gelbe, rote, blaue, sie hatte Mützen in allen Farben dabei.

«Papa kauft sie mir immer», sagte sie. «Und dabei will ich nur violette.»

«Sind die nicht ein wenig heiß?», fragte Lumi. «Es soll heute dreißig Grad werden.»

«Dann leiden wir halt», sagte Lian. «So erkennen uns die Leute sofort.»

Gleich darauf tauchte Kamil auf. Er war den ganzen Weg allein gegangen und ziemlich stolz.

«Hi, Yeshi», sagte er, nachdem er die anderen und vor allem Lola begrüßt hatte, die danach nicht mehr von seiner Seite wich. «Ich habe uns was mitgebracht.»

Er packte etwas aus seinem Rucksack.

«T-Shirts?»

Sechs blaue Shirts, auf allen stand in schönstem Zitronengelb *Limonen für Libanon*. «Mum's idea», sagte er.

Er hatte Charlene von unserem Plan erzählt und sie waren gestern Abend losgezogen, um die Shirts zu kaufen und anschließend zu bemalen.

Relia umarmte ihn. «Thank you, Kamil.»

Dann musste Doro los. Sie packte ihre Trainingstasche und machte das Daumen-hoch-Zeichen. «Wünsch mir Glück, K-Girl.»

«Von Herzen, G-Qualle», gab ich zurück.

Hoffentlich, hoffentlich würde die Talentscout-Frau sie nehmen.

«Bis gleich.» Damit war sie weg.

«Yeshi», rief Kamil. «Wo ist das Eis?»

Mistmistmist. Wir hatten das Eis vergessen. Mit dem Notfallhandy rief ich Papa an.

«Ich hol euch welches im Supermarkt», sagte er.

Er bot sogar an, das Eis zu finanzieren. Mit dem Kauf der Zitronen war unser Taschengeld nämlich weg. Nun mussten wir erst etwas einnehmen, bevor wir wieder etwas ausgeben konnten.

Als Papa das Eis lieferte, stellten wir uns alle vor dem Tisch auf und er machte ein Foto. Es sah cool aus, wir in unseren bunten Mützen und den blauen T-Shirts.

Papa ließ sich alle Handynummern geben, um die Fotos weiterzuleiten. Also, an alle außer mich.

«Papa, ich finde, wir sollten noch mal über ein Handy reden.»

«Du meinst, jetzt, da du eine Businessfrau geworden bist?» Er zwinkerte mir zu.

Das brachte meine Schmetterlinge zu einem Doppelsalto, Javier zum Tröten und die Argumentmädels zum Tangotanzen.

«Und jetzt geh wieder», sagte ich.

«Eltern verboten, ich weiß», grinste Papa.

Als die nahe Turmuhr neun schlug, waren wir bereit. Die Krüge waren randvoll, obenauf schwammen Eiswürfel und Pfefferminzblätter. Die Gläser reihten sich aneinander, eine Geldbüchse wartete darauf, gefüllt zu werden. Lumi stand vor der Stellwand bereit, um alles über Beirut zu erzählen. Lola-Mops machte Männchen.

Leider erschien kein Mensch.

Eine Viertelstunde verging.

«Yeshi …», sagte Lian. «Ohne Leute können wir nichts verkaufen. Du hast gesagt, der Park ist immer voll.»

«Die kommen», sagte ich. «Wartet es nur ab.»

Als die Turmuhr halb schlug, war der Park immer noch leer.

«Hätten wir unser Taschengeld gespendet, wäre da wenigstens was drin», sagte Lumi und starrte auf die leere Büchse.

Die Eiswürfel waren geschmolzen, die Pfefferminzblätter verwelkt und wir alle ziemlich frustriert, als sich beim Parkeingang etwas tat. Eine Frau mit vier Kindern schlenderte herein.

«Unsere ersten Kunden», schrie ich. «Action!»

Sofort rannte Lian los, während Lumi ihre Position vor der Stellwand einnahm, Kamil frische Eiswürfel in die Krüge schmiss, Lian lostanzte und mit einer Pirouette vor der Gruppe zu stehen kam. Er wirkt ein bisschen steif, dachte ich und setzte meinen Tanzfuß in Bewegung, um Lians Miniperformance hiphopmäßig aufzupeppen. «*Limonen für Libanon*.»

Ein Gekicher ertönte. Die Frau entpuppte sich als Relias Freundin mit ihren Kindern, dazu Amira und Banu, die ich erst jetzt erkannte.

«Wieso kommt denn keiner?», fragte ich Lian, als wir der aufgeregten Kinderschar zum Tisch folgten.

«Weil die meisten Menschen am Samstagmorgen beim Einkaufen sind», sagte Relias Freundin. «Eben am Platz vorne war alles voller Menschen.»

«Dann sollten wir denen Bescheid geben.»

Ich stupste Lumi an. «Kannst du ganz schnell ein paar Flyer zeichnen?»

Sie konnte. Ihr Stift glitt so schnell übers Papier, dass ich kaum nachkam mit Zuschauen. «Flyer sind gut», sagte Kamil. «Aber ein *TikTok*-Video wäre besser.»

Die Idee war ultramegaglitzerluftig. Fanden wir alle. Lian und ich wiederholten unsere Hip-Hop-Ballett-Choreo, Kamil rappte, Lola-Mops machte Männchen, die anderen hielten die Limonendrinks ins Bild und Relia nahm es auf. Schon war das Video hochgeladen. Trotzdem wollte ich auch die Flyer verteilen. Doppelt genäht hält besser, sagt die Mops-Oma immer.

«Komm, Lian, bis die *TikToker* kommen, holen wir uns die *Samstags-Shopper*. Wir nehmen Lola mit.»

Am Kreuzplatz vorne stellte ich mich direkt vor den Supermarkt. Vor lauter Schnuppern und Kucken kam Lola nicht zum Männchenmachen.

«*Limonen für Libanon*», schrie ich dafür und wedelte mit den Flyern. «Coole Drinks im Artergut-Park. Kommt alle vorbei.»

Keiner wollte etwas davon wissen, im Gegenteil, sie machten einen Bogen.

«Gib mal her», sagte Lian.

Er nahm mir die Flyer aus der Hand, pickte sich zwei Papas mit zwei Kindern heraus, trat zu ihnen und erklärte, worum es ging. Sie hörten aufmerksam zu und versprachen, nach dem Einkaufen vorbeizukommen.

«So funktioniert das, Yeshi.» Lian grinste. «Persönlicher Kontakt ist alles.»

Na ja. Ich war mir nicht ganz sicher, ob es nicht auch ein ganz klein wenig mit Lians weißer Haut zusammenhing.

Auf jeden Fall machte ich es so wie er und innerhalb kürzester Zeit waren wir die Flyer los. Eine Familie begleitete uns sogar, als wir zurück in den Park gingen. Sie wurden empfangen wie wichtige Gäste und ließen sich einen Drink schmecken, während Lumi ihnen die Infowand erklärte.

«Das ist ein cooler Comic», piepste der Junge.

Das erste Trinkgeld klingelte in der Kasse. Zweimal fünf Franken hatte der Vater bezahlt für seine drei Drinks. Den Kindern war es etwas zu sauer.

«Mehr Zucker», sagte Lian, bevor er loslief, weil unten am Tor weitere Familien den Park betraten.

«Yeshi, hilfst du mit?», fragte Relia.

Ich schenkte die Drinks ein, und Kamil kassierte. Lumi war voll beschäftigt an der Infowand. Schon wieder kamen neue Leute. Bald waren unsere Krüge leer.

Zum Glück hatte ich Zitronen auf Vorrat geschnippelt. Relia kam gar nicht mehr nach mit der Drink-Produktion.

«Kannst du mir Wasser holen, bitte?»

Ich lief mit dem Kanister zum Trinkbrunnen. Als ich zurückkam, hatte sich eine Schlange gebildet. Die Leute standen für unsere Drinks an. Kaum war das Wasser mit dem Zitronensaft vermischt, musste ich bereits wieder neues holen.

«Help, Yeshi», sagte Kamil. Die Büchse war voll. Er wusste nicht mehr wohin mit dem Geld.

«Lumi, wo ist der Tresor?»

Sie schüttete den Inhalt der Büchse in ihren kleinen Tresor und schloss wieder ab.

«Ist das dein Bruder, Yeshi?», fragte ein Mädchen aus unserer Schule, das mit seinen Eltern da war. Sie meinte Kamil.

Er schüttelte den Kopf. «No. Her friend from London. Kennst du London? Es ist eine wunderbare City.»

Das Mädchen fand ihn cool. Und seine Mutter überließ uns eine Zwanzigernote.

«Yeshi, ich habe bald keine Zitronen mehr», rief mir Relia zu.

Ich sah mich nach Lian um. Er war am Tor vorne und schwatzte auf die Leute ein, als ob er nie etwas anderes gemacht hätte.

«Ich glaube, die Leute kommen von allein, es braucht keine Werbung mehr», flüsterte ich ihm zu.

Einige Kids gingen vorbei.

«Geil, hier gibt's Gratis-Drinks.»

«Nicht gratis, man muss was spenden. Haben sie auf *TikTok* gesagt.»

Schon kamen die nächsten. «Nicer Park, hier waren wir noch nie.»

Lian strahlte. «Der Aufruf hat funktioniert. Yeshi, wir sind angesagt.»

Fast zu sehr, ich kam nicht mehr nach. «Kannst du Nachschub an Zitronen kaufen gehen?»

Als er loswollte, prallte er fast mit den Krokodilmädels zusammen. Im Hyänen-Outfit standen sie zu dritt da, Spaltpilz Bianca, Merle und Antoinette.

«Hei, Lian. Es soll hier coole Drinks geben», sagte Bianca.

«Für Libanon.» Ich fühlte mich wie *Superwoman*. «Ihr könnt euch gerne da anstellen. Wartezeit ist etwa eine Viertelstunde.»

«Wieso? Was hast du damit zu tun?»

«Yeshi ist die Chefin», grinste Lian und verschwand.

Bianca sah mich an. Aus ihren Augen sprangen Blitze. Dann trat sie mir ans Schienbein. Ich war so überrumpelt, dass ich stolperte und rückwärts in den Spielteich fiel. Bianca tat so, als ob es ihr leid täte. Aber ich sah genau, wie sie Merle und Antoinette zuzwinkerte. Es war mir egal, die Krokodilmädels hatten hier nichts zu melden. Tropfend lief ich zurück zu den anderen. Lumi klang schon ganz heiser. Sie erklärte unsere Aktion einer großen Gruppe von Leuten und musste laut sprechen, damit alle sie verstanden.

Als ich ihr etwas zum Trinken brachte, zeigte sie auf den leeren Eisbehälter. «Wir brauchen Nachschub, Yeshi!»

Lian kam mit den Zitronen zurück und ich schickte ihn gleich wieder los, um Eis zu kaufen. Die Menschenschlange wand sich jetzt wie ein Slalom im ganzen unteren Teil des Parks.

Plötzlich flog ein Ball und traf mich an der Schulter. Doro war wieder da und strahlte so, dass ich nicht nachzufragen brauchte.

«Gratuliere, Doro. Du bist ein Talent.»

«Zusammen mit drei anderen. Sie beobachten uns einige Stunden und am Schluss entscheiden sie, wen sie in ihr A-Team aufnehmen. In einer Woche gilt es ernst. Dann ist das alles entscheidende Training.»

«Megahammerglitzerluftig.»

Ich umarmte Doro. Dabei fiel mir auf, wie mager sie war.

«Geht's dir wirklich gut?», fragte ich.

«Es ging mir nie besser.» Sie zeigte einen großen blauen Fleck am Schienbein. «Der Doro-Brand. So hart bin ich im Nehmen.»

«Außerdem bist du superschnell.»

«Dank deinem Training. Es war wirklich klasse. Danke, danke, danke, K-Girl.»

«Bitte, G-Qualle.»

Wir grinsten uns an. Ich glaube, Doro ist meine BFF geworden, meine allerbeste Freundin fürs Leben.

«Yeshi, wo ist Lian mit dem Eis?», rief Kamil und holte mich wieder zurück ins Gewusel des Artergut-Parks.

Relia stand der Schweiß auf der Stirn. «Yeshi, entschuldige, wir brauchen noch mal Zitronen.»

Lumi gab mir einige Geldscheine. «Beeil dich, die Geschäfte schließen bald.»

Da entdeckte ich Felix. Er stand beim Eingang. Ich konnte nicht anders, ich winkte ihm zu.

«Felix! Komm zu uns!»

Zögernd kam er herangeschlendert. Er sah umwerfend cute aus, mit seinem hellblauen T-Shirt und den violett-silbernen Haaren, das neue Handy in der Tasche der Jeans.

«Hei, Yeshi, was geht ab?», sagte er. «Ich muss gleich wieder gehen.»

«Warum bist du dann gekommen?»

«Ich wollte kurz mit dir reden.» Er zog mich auf die Seite. «Es tut mir leid. Wegen des Familienbaumstamms. Wenn ich dich da verletzt habe.»

«Schon okay», sagte ich. «Kein Thema. Willst du mithelfen?»

Er druckste herum. «Wie gesagt, habe einen Termin.»

«Schade. Du hättest mit mir einkaufen können», sagte ich. «Wir brauchen Eis, und Lian ist verschollen.»

In dem Moment tauchte Lian auf, mit vollen Taschen.

«Entschuldige, Yeshi, es hat länger gedauert, viele Leute, voll der Stress.»

Gerade wollte ich Felix einladen, bei uns mitzumachen, als wie aus dem Nichts Bianca vor uns stand.

«Felix! Da bist du ja. Wir haben eine Extra-Lernstunde, hast du vergessen?»

«Äh ...» Felix druckste herum.

«Wie läuft's mit deinem Handy?»

Felix sah zu mir. «Ich geh dann mal wieder, Yeshi.»

«Wieso?»

«Ich war mit den anderen verabredet, weißt du, wir wollen noch Hausaufgaben machen.»

Hinter Bianca tauchten nicht nur Merle und Antoinette auf, sondern auch Paul und Anil. Und ein Regenmantel. In dem steckte Biancas Mam mit einem Autoschlüssel zwischen den Fingern. Sie war klein, ihr Haar so dunkel und lockig wie Biancas, von hinten könnten sie Schwestern sein. Sie würde nett aussehen, hätte sie nicht diese Falte auf der Stirn.

«Hast du die alle hergeholt?», fragte Lian. «Was soll das, Bianca?»

«Das ist eine Kriegserklärung», sagte sie. «Limonen gegen Gymi-Klub. Und dreimal darfst du raten, wer gewinnt.»

«Bianca, können wir?» Biancas Mam hielt die Autoschlüssel in die Luft. «Ihr müsst in einer Viertelstunde da sein.»

Die fünf gingen los. Im Vorbeigehen flüsterte Bianca

so leise, dass nur Lian und ich es verstanden. «Tschüss Schwuli, tschüss Kackbohne.»

So eine megakrassgemeinesrassistische Beleidigung. Lian und ich starrten uns an. Mein Wutballon blies sich auf. Ich wollte Bianca schnappen, sie verprügeln und sie dann irgendwo anzeigen. Beim Kindergerichtshof für Menschenrechte. Lian jedoch schüttelte den Kopf.

«Prügeln ist keine Option, Yeshi. Wir finden einen anderen Weg. Solche wie sie wird es immer geben. Komm, gehen wir zurück zu den anderen.»

Schluss mit lustig

Gerade als wir die letzte Zitrone verschnippelten, donnerte es und Papa, Mama und Charlene tauchten auf. Dass sie Falafel für alle dabeihatten, war glitzerluftig. Ich erklärte ihnen die Stellwand mit den Informationen und stellte ihnen Relia vor.

Sie hatten nicht mit unserem Durchhaltewillen gerechnet.

«Wir haben uns schon gewundert, wo ihr so lange bleibt.» Kaum hatten wir die Falafel verdrückt, fielen die ersten Tropfen vom Himmel.

«Das ist das Zeichen zum Schlussmachen», sagte Papa. Ich zeigte auf die Menschen im Park. «Nein, bitte, Papsipaps, das sind noch so viele. Wir könnten noch mal Zitronen kaufen gehen.»

«Yeshi, die Geschäfte sind geschlossen, es ist Samstagabend.»

«Aber am Bahnhof haben sie länger offen.»

«Einmal ist Schluss mit lustig», sagte er.

«Mir reichts, Yeshi», sagte Doro. «Ich bin müde. Wenn's

regnet, verschwinden sowieso alle nach Hause.»

Auch Lian musste gehen. «Meine Eltern und ich sind eingeladen.»

«Man muss aufhören, wenn es am schönsten ist.» Das kam von Mama.

Ich finde, man soll weitermachen, solange es schön ist. Aber irgendwie waren alle auf Mamas Seite und ich gab nach. Das Zusammenräumen ging schnell, weil alle halfen.

Charlene und Papa brachen als Erste auf, sie wollten Lola bei der Mops-Oma vorbeibringen. Samt dem versprochenen Limonendrink, sie bekam einen ganzen Krug voll.

Lumi schleppte den Tresor herbei. «Kassensturz, Yeshi!»

Wir zogen uns hinter einen Busch zurück. Ich zählte die Scheine, Lumi die Münzen und anschließend rechnete sie alles zusammen. Sie war wirklich eine gute Geschäftsfrau. «Fast vierhundert Franken.» Sie strahlte. «Das ist megaviel.»

Ich jedoch war total enttäuscht. «Wir wollten doch fast dreitausend.»

Lumi schüttelte den Kopf. «Unmöglich an einem Tag.»

«Aber die Kinder in England ...»

«Ich habe das auch *yesherchiert*. Die haben viele Monate lang gesammelt. Und die Erwachsenen haben ihnen dabei geholfen.» Lumi teilte das Geld in zwei Stapel, einen großen und einen kleinen, und packte beide in

Umschläge. «Das sind unsere Ausgaben und das ist Relias Anteil. Den zahlen wir ein mit einem Zahlschein.»

Was sagte sie da? «Sicher nicht, das geben wir Relia direkt.»

«Aber es sind die Spielregeln, die Herr Bernasconi aufgestellt hat.»

Ich schüttelte den Kopf. «Ich weiß nicht mal, ob Relia ein Bankkonto hat.»

«Regeln sind Regeln, Yeshi.»

«Manchmal muss man die ein wenig biegen. Sagt auch Stefano.» Ich nahm ihr den Umschlag aus der Hand. «Ich werde es Herrn Bernasconi erklären, er versteht es bestimmt.»

«Lumi!» Lumis Mutter war mit einer Vespa vorgefahren, sie winkte Lumi mit einem zweiten Helm zu. «Los, bevor das Gewitter kommt.»

Lumi rannte zu ihr, stieg auf und die beiden brausten davon.

«Wir gehen auch.»

Relia und die Mädchen waren bereit zum Abmarsch.

«Deine Mama ist sehr nett», sagte Relia. «Wir haben zusammen geredet.»

Ich erschrak. «Hast du ihr etwas gesagt?»

Relia wusste, dass ich die Adoption meinte. «Nein. Obwohl ich das gerne würde. Aber ich habe es dir versprochen.» Sie sah mich fragend an. «Du hast doch Travel-Chad nicht geschrieben?»

Ui. Ich konnte Relia nicht erzählen, dass ich immer

wieder mein Schulmail-Postfach kontrollierte, weil ich hoffte, dass er mir antwortete. Also wechselte ich schnell das Thema.

«Hier ist das Geld für dich.» Ich zeigte ihr den Umschlag. «Es ist noch nicht genug für eine ganze Wohnung. Möglicherweise reicht es für einen Küchentisch.»

Relia wollte es fast nicht annehmen. Zum Glück wurden die Tropfen mehr.

«Mama, wir wollen heim», quengelte Banu.

Relia nahm sie auf den Arm, Amira an der Hand.

«Yeshi, du bist so ein liebes Kind. Deine Baucheltern können stolz sein auf dich.»

Meine Baucheltern. Nie spricht jemand von ihnen. Nie.

«Und deine Herzeltern auch.»

Dann war sie weg. In der Zwischenzeit hatten die anderen auch noch die letzten Reste aufgeräumt.

«Tschüss Yeshi, bis Montag.»

«Tschüss Doro, tschüss Lian, tschüss ...» Ich zögerte. «Tschüss Kamil.»

«Bye, sis.» Er klatschte mich ab.

«Seid ihr jetzt Freunde?», fragte mich Mama, als wir die Krüge, die Messer und die Schnippelbretter in Mops-Omas Handwagen luden.

«Freunde? Ich weiß es nicht. Eine Art Geschwister.»

Das waren wir doch. Es fühlte sich gut an, irgendwie.

«Ich bin sehr stolz auf dich, mein Kind», sagte Mama.

Wir gingen vor uns hin durch den Regen. Der Wind

hatte aufgehört, es roch nach nassem Asphalt, nach Sommer.

«Übrigens hat mir Lian von deinem Streit mit Bianca erzählt», sagte Mama nach einer Weile. «Und wie sie dich genannt hat. Das K-Wort. Das ist verletzend und verboten. Sie muss sich bei dir entschuldigen.»

Entschuldigen? «Das will ich nicht, Mama. Bianca würde es tun, damit sie keine Strafe bekommt. Aber sie würde es weder ernst meinen, noch würde sie es verstehen.»

«Wieso? Was ist daran so schwierig?», fragte Mama. «Alle Menschen sind gleich. Das muss Bianca endlich kapieren.»

Ich suchte nach einer Antwort, fand aber keine. Es war schwer, zu erklären, was ich fühlte. Es hatte etwas mit dem zu tun, was Mama gesagt hatte. Alle Menschen sind gleich ... etwas an dem Satz war nicht gut. Zum Glück kam wieder ein Donner. Gleich darauf ein Blitz. Wir rannten heim.

Abgesagt ist angesagt

«Das ist vollfiesunfairgemein», sagte ich. Es war Montag, die Schule war aus. Lian, Doro, Lumi, Kamil und ich saßen bei der Mops-Oma im Gartenhaus am Boden, Lola-Mops hatte sich auf Kamils Schoß gekuschelt, er kraulte sie hinter den Ohren. Ansonsten waren wir alle voll deprimiert.

Herr Bernasconi hatte uns nämlich am Morgen zur Begrüßung eine üble Überraschung präsentiert. Er hatte Kamil und Lian verboten, weiterhin in die Schule zu kommen.

«Die Besuchstage sind vorbei. Das war sehr nett von euch, aber jetzt sollten wir uns wieder dem Schulstoff zuwenden.»

Er überwachte, dass Lian und Kamil wirklich das Schulhaus verließen. Gleich darauf hatte er auch das Spendenprojekt abgeblasen.

«Ich habe euch überfordert, tut mir leid», hatte er gesagt. Als wir von unserem Erfolg berichteten, hatte er gar nicht richtig zugehört. Das Einzige, was er wissen wollte, war, wo das Spendengeld denn nun sei.

«Am richtigen Ort», sagte ich. «Bei einer Familie, deren Wohnung bei der Explosion zerstört wurde.»

«Nicht bei einem Hilfsprojekt?»

«Wir haben es Relia gegeben. Sie ist unser Hilfsprojekt.»

«Das hättet ihr nicht tun dürfen. Man muss das offiziell einzahlen, und es muss offiziell über unsere Schule laufen, das habe ich euch doch erklärt.»

«Aber es war ja für Relia gedacht. Sie haben selbst gesagt, dass es persönlich sein muss, Herr Bernasconi. Nicht so ein anonymes Spendenprojekt.»

«Nun ja, mit ‹persönlich› habe ich keinen Menschen gemeint, Yeshi. Es sollte natürlich an eine Organisation gehen. Regeln sind dazu da, befolgt zu werden.»

Ich hatte zu Lumi geschaut. Ich hab's dir gesagt, hatte ihre Miene ausgedrückt.

Danach hatte Herr Bernasconi nichts mehr wissen wollen von unserer Aktion, keines meiner Argumente hatte etwas genützt, obwohl die Argumentmädels in meinem Kopf haufenweise welche anschleppten. Am Schluss hatte er mich sogar angefahren.

«Jetzt halt die Klappe, Yeshi. Du musst einfach akzeptieren, dass wir aufhören, ein für alle Mal!»

Ups. Ziemlich ruppig, der Herr Bernasconi.

Nach der Schule waren Doro, Lumi und ich zur Mops-Oma gegangen, wo wir Kamil und Lian getroffen und ihnen alles erzählt hatten. Nun saßen wir da und bliesen

Trübsal. Bis es mir zu blöd wurde.

«Leute, ich finde, das können wir uns nicht gefallen lassen.» Ich stand auf.

Doro sah das genauso. «Erst Kamil und Lian rausschmeißen, dann das Projekt platzen lassen, das kann kein Zufall sein.»

So hatte ich es nicht überlegt, aber ich fand es ziemlich scharfsinnig von Doro.

«Irgendjemand muss sich beschwert haben», überlegte sie weiter. «Herr Bernasconi war so begeistert und dann plötzlich: puff, alles aus.»

In dem Moment ging Felix am Gartenzaun vorbei, ohne uns zu bemerken, auf dem Heimweg, in sein neues Handy vertieft.

Meine Schmetterlinge wurden munter.

«Felix!», rief Doro. «Komm mal her, ich muss dich was fragen. Sonst sag ich allen, dass du in Antoinette verliebt bist.»

«Stimmt gar nicht. Halt die Klappe, Doro.» Felix wollte weiter.

«Ich tu's trotzdem», flötete Doro. «Mal sehen, was deine Freundin Bianca dazu meint.»

Was sagte Doro da? Bianca war doch nicht Felix' Freundin. Die waren nur zusammen im Gymi-Klub.

Widerwillig kam Felix zu uns.

«Kannst du uns einweihen, was mit dem Bernasconi los ist?», fragte Doro.

«Wieso? Alles easy.» Felix vermied meinen Blick.

«Ich meine das Spendenprojekt. Am Freitag war er noch voll dafür.»

«Keine Ahnung.» Er drehte auf dem Absatz. «Sorry, ich muss los.»

Doro war aufgesprungen, schnappte sich sein Handy und besah sich das Display. «Bist du auf *TikTok*? Wie Bianca?»

Felix wurde rot. «Ja und? Alle sind das.»

Als er sich sein Gerät zurückholen wollte, sprintete sie einige Meter davon. Was war nur mit Doro?

Felix wurde wütend. «Hei, das ist meins.»

Doro hielt das Handy in die Luft. «Die haben einen Chat zusammen», schrie sie. «Er, Paul, Anil und die Krokodilmädels.»

Ich ging zu ihr und entriss ihr das Handy. «Lass Felix in Ruhe.» Kaum hatte ich es ihm zurückgegeben, stürmte er davon. Oh nein. Meine Schmetterlinge flatterten ihm aufgeregt hinterher.

«Tschüss Felix», schrie ich.

Weg war er, ohne zu antworten. Ich meine, versteht ihr das? War Doro etwa eifersüchtig?

«Yeshi». Sie machte meinen Funkelstarrblick. «Es wird gleich total krass mies. Aber ich sag's trotzdem. Weil, du musst es wissen. Felix und Bianca waren es, die den Bernasconi aufgehetzt haben.»

Die Schmetterlinge stoppten und machten rechtsumkehrt. «Sicher nicht», sagte ich. «Das erfindest du.»

«Sie hat recht», sagte Lumi. «Ich wollte es dir nicht

erzählen, weil du Felix magst.»

«Ich mag ihn gar nicht. Er ist einfach ein Freund.»

«Was auch immer.» Ich sah ihren Blicken an, dass sie mir nicht glaubten.

«Das ist eine fiese Anklage. Die müsst ihr beweisen.»

Lumi nickte. «Mein Vater hat gestern einen Anruf von Biancas Mam bekommen. Nachdem Felix und Bianca über unser Spendenprojekt abgelästert haben, hat Biancas Mam die anderen Eltern informiert. Sie haben sich gegen Herrn Bernasconis Pläne gestellt und sind direkt zur Schulleitung gegangen. Darauf hat die es verboten. Herr Bernasconi blieb gar nichts anderes übrig, als alles abzusagen.»

«Ich verstehe das nicht, Lumi. Wieso ruft Biancas Mam deinen Papa an, und meine, Lians und Doros Eltern nicht?»

«Es waren nur die Gymi-Klub-Eltern.»

«Du bist doch nicht im Gymi-Klub.»

«Na ja. Meine Mam hat mich auch angemeldet.»

«Lumi! Bist du eine Spionin?»

«Sicher nicht, Yeshi. Ich bin kein einziges Mal da hingegangen. Ich arbeite lieber allein zu Hause.» Sie hielt mir die Hand hin. «Wir sind doch ein Team! Team Yeshi.»

Ich entschied, dass ich Lumi trauen konnte. Sie sah erleichtert aus. «Danke, Yeshi.»

Das war geklärt. Das Problem war dadurch aber nicht kleiner geworden. Im Gegenteil, mein dicker grauer Javier-Elefant blinzelte mich auffordernd an.

Kamil räusperte sich und fragte, was eigentlich los sei.

Während Lian die Sache für ihn zusammenfasste, unterhielten Doro, Lumi und ich uns leise weiter.

«Könnt ihr ein Geheimnis für euch behalten?»

Doro und Lumi nickten.

«Felix findet Herrn Bernasconi eigentlich legendär. Außerdem will er gar nicht ans Gymi.» Einen Moment zögerte ich. Ich wollte nicht, dass Felix Schwierigkeiten bekam, andrerseits gings hier grad um die Wurst. «Ich glaube, er hat nur mitgemacht, damit er ein Handy bekommt.»

Wenn ich mir eingebildet hatte, ich würde eine große Neuigkeit rausposaunen, hatte ich mich getäuscht.

«Erzähl uns was Neues», sagte Lumi.

Doro nickte. «Spaltpilz Bianca hat ihn voll in der Hand.»

«Wenn er nicht tut, was sie sagt, rennt sie zu seiner Mam und die nimmt ihm das Handy wieder weg.»

Gerne hätte ich Felix verteidigt. Aber leider hatten Lumi und Doro recht, meldete mein Flatterherz. Auch die Schmetterlinge verzogen sich betrübt in eine Ecke. Ich schwieg. Bis es unerträglich wurde.

«Was sollen wir tun?», fragte ich meine Freundinnen.

«Nichts», sagte Lumi. «Wir gegen die Schulleitung? Tut mir leid, da mache ich nicht mit. Es war cool mit euch, *Limonen für Libanon* hat echt gerockt. Aber nun muss ich mich hinter die Hausaufgaben klemmen.» Schon brauste sie mit ihrem Roller davon.

«Ich geh auch», sagte Doro.

«Hast du kein Training?», fragte ich.

«Ich soll mich schonen.»

«Hat Gian es dir verboten?»

Doros Gesicht verschloss sich.

«Was ist mit Samstag?», fragte ich. «Darfst du auch nicht zur Talentscout-Frau?»

Sie zuckte die Achseln. «Da geh ich trotzdem hin.»

«Soll ich Mama bitten, dass sie mit Gian redet?»

«Bloß nicht.»

«Mit deiner Ärztin?»

«Yeshi ... Die wollen, dass ich nicht mehr Fußball spiele, so einfach ist das. Weil meine Werte nicht gut sind.» Sie zog ihre Trainingshose hoch und zeigte mir den Fleck auf dem Schienbein. Er war mittlerweile grüngelbbraun. Und groß.

«Ich soll einen sanfteren Sport wählen. Sie finden es zu ruppig.»

Na ja, das war es schon immer gewesen. Etwas musste sich verändert haben, dass die Erwachsenen so reagierten.

«Ist der Krebs zurück, Doro?»

«Ich weiß es nicht. Lass mich in Ruhe, K-Kirl.» Doro rannte davon.

Pipe Dreams

«Wo sind die alle hin?», fragte Lian.

Er und Kamil hatten nichts mitbekommen, so vertieft waren sie in ihr Gespräch gewesen.

«Heim. Zum Hausaufgabenmachen. Und das tu ich jetzt auch.» Felix weg, die *Limonen für Libanon* verfault, alle nur noch an ihren Schreibtischen – es war einfach himmeltraurig. «Tschüss, ihr drei.»

Ich streichelte Lola-Mops zum Abschied und wollte losgehen.

Lian hielt mich zurück. «Bleib, Yeshi.» Er tauschte mit Kamil einen Blick.

«Wir haben gute News für dich.»

«Was denn? Wie ihr zusammen abhängen wollt?»

«Genau darum geht's. Kamil hatte eine Superidee.»

«Erzählt die jemand anderem.»

«Wir wollen aber dich dabeihaben. Und nicht die anderen.»

«Interessiert mich nicht, eure Idee.»

«Auch nicht, wenn sie glitzerluftig ist?»

«Was ist denn das für ein Wort? Ist doch nur für Babys.» Ich fühlte mich traurig und erwachsen.

«Na ja.» Lian streckte sich. «Seh ich wie ein Baby aus?»

Die Leggins war schwarz, der Schal bunt, das T-Shirt weiß mit einem Totenkopf. Eben teilte die Sonne die grauen Regenwolken und brachte die Pailletten darauf zum Glitzern.

Ich musste ein wenig grinsen. «Ein Riesenbaby.»

«Also, hörst du jetzt zu?»

«Ihr habt zehn Sekunden.»

Lian drehte eine Pirouette und landete in einer perfekten Verbeugung und lud mich zum Sitzen ein. «Schenk uns eine ganze Minute.»

«Fang einfach an.»

Das ließ er sich nicht zweimal sagen. «Kamil findet, anstatt das Spendenprojekt zu beerdigen, sollen wir es ausbauen.»

WAS?

«‹Expand› nennt man das auf Englisch. Größer machen. Damit wir die dreitausend Franken verdienen, dein Ziel, Yeshi. Dass Relia am Schluss die neue Wohnung hat, die sie für ihre Familie braucht.»

«Sorry, Jungs, das sind voll die *Hirnspeginste*.»

«What? Was heißt das Wort? Ist das Deutsch?» Kamil hatte mich nicht verstanden.

«Hirngespinste meint sie. Auf Englisch heißt das Pipe Dreams.» Lian erklärte Kamil, dass ich manchmal Buchstaben verdrehte.

«Das mach ich fast nie mehr», protestierte ich.

«Schade», sagte Lian ganz lieb. «*Hirnspeginste* klingt sehr nice. Finde ich.»

«Pipe Dreams aber auch.»

«Voll. Nur dass es keine Pipe Dreams sind.» Er wurde ganz eifrig. «Kamil hat sich alles genau überlegt. Wir bauen einen mobilen Verkaufsstand. Ein Limonenmobil.»

Kamil hörte kurz mit dem Lola-Streicheln auf, fischte sein Handy raus und zeigte Fotos von einigen Zeichnungen. Auf der ersten war der Handwagen der Mops-Oma hinter ein Fahrrad gespannt, mit einem Limonen-Schild, einem Krug und Eiswürfeln. Dahinter standen drei Menschlein, die aussahen wie Lian, Kamil und ich. Ziemlich klasse. Da hörte ich die Funk-Handy-Mama-Stimme in meinem Kopf. Achtung, Gefahr. Geh heim, Yeshi, und mach Hausaufgaben.

«Es wurde verboten, hast du doch gehört», sagte ich. «Gegen Biancas Mam und die Schulleitung kommen wir nicht an.»

Erneut hielt mich Lian auf. Noch bestimmter als eben. So bestimmt, dass ich mich hinsetzte und zuhörte.

«Kamil glaubt, dass das alles nur Vorwände sind. Die Eltern haben so extrem reagiert, weil Biancas Mam gegen einige aus unserer Gruppe war. Und nicht gegen Herrn Bernasconi und auch nicht gegen das Spendenprojekt.»

«Wie meint Kamil das?»

«Er sagt, dass er den Blick gesehen hat, mit dem sie dich und Kamil im Artergut-Park gemustert hat.»

«Was hat denn ihr Blick mit dem Limonenprojekt zu tun?»

«Alles. Weil ihr es organisiert. Die Gymi-Klub-Eltern wollen nicht, dass Bianca und ihre Gruppe mit dir und Kamil abhängen.»

«Du denkst, sie sind rassistisch?»

«Kamil weiß es. Er kennt diese Blicke in- und auswendig, sagt er.»

«Hört auf mit dem Quatsch.» Meine Schmetterlinge verzogen sich kommentarlos auf Nimmerwiedersehen. Das Thema mochten sie nicht. «Das hat damit nichts zu tun. Die wollen einfach, dass ihre Kids ins Gymi kommen. Das ist nicht rassistisch.»

«Bis zu dem Moment, als Kamil und ich in die Klasse kamen und Herr Bernasconi mit uns das Spendenprojekt machen wollte, war alles okay, und plötzlich nicht mehr. Da gibt es doch einen Zusammenhang.»

«Aber ich war ja vor Kamil schon da, und ich bin auch Schwarz.»

«Oder PoC. People of Color», warf Kamil ein.

PoC. Das gefiel mir. Ich beschloss, ab sofort nur noch PoC zu sagen. «Ich bin ein Mädchen of Color.» Es fühlte sich gut an.

«Aber nun seid ihr zwei. Das ist eine Gefahr.»

«Wieso? In meiner Klasse gibt's kein Rassismus-Problem. Darauf ist der Herr Bernasconi megastolz. Wir haben darüber diskutiert und danach alle Weltreligionen durchgenommen.» Ich sah, dass Kamil versuchte, mein

Schweizerdeutsch zu verstehen. «Übersetz ihm das, Lian. Alle Weltreligionen. Wir haben vier in unserer Klasse. Und alle sind akzeptiert.»

«An der Oberfläche vielleicht, wenn's um Religionen geht. Aber nicht bei eurer Hautfarbe. Schau, ich bin ja auch anders. Das habe ich erst in der Tanzschule in London gemerkt. Irgendwie schaffen die Leute es gerade noch, mich zu akzeptieren. Zwei PoC-Kids jedoch, das ist zu viel.»

«Ich kapier dein Problem nicht. Hat irgendjemand etwas gegen Kamil gesagt? Nicht mal Spaltpilz Bianca würde sich das trauen.»

«Nicht mit Worten, Yeshi», antwortete Kamil auf Englisch. «Dafür braucht es keine Worte.»

Damit war ich geschlagen. Das, was unter den Worten lag, das, was die Leute dachten, ihre Gefühle und Ängste, ihre Ablehnung, die kannte ich leider nur allzu gut. Javier trompetete leise und irgendwo ganz zuinnerst in meinem tiefsten Innern wusste ich, dass Kamil recht hatte.

«Es reicht, okay», sagte ich. «Ich will nicht mehr darüber sprechen.»

Lian machte das Peace-Zeichen. «Mach trotzdem mit bei uns. Denk an Relia und ihre Kinder. Damit es nicht nur ein Pipe Dream bleibt. *Limonen für Libanon* wird richtig groß.»

«Nein.»

«Bitte.»

«Das sind Hirngespinste. Wie soll das gehen?»

«Pass auf.» Lian ließ sich nicht kleinkriegen. «Mich und Kamil hat Herr Bernasconi rausgeschmissen. Das bedeutet, dass wir nicht mehr in der Klasse sind. Und darum die Regeln auch nicht mehr befolgen müssen.»

«Ich aber schon. Denn ich bin noch in der Klasse und werde es auch bleiben.»

«Das ist ein Problem.»

Auch Javier nickte. Aber Lian konnte ihn nicht sehen. Im Gegenteil, er wirbelte so schnell um mich herum, dass Javier schwindlig wurde und er sich zu den Schmetterlingen ins Nimmerwiedersehensland verzog.

«Darum haben wir beschlossen, dass wir dir nur die Hälfte erzählen. So musst du nicht lügen, falls jemand nachfragt. Du kommst einfach zufällig des Weges, wenn wir am Drinks-Verkaufen sind, und hilfst uns ein wenig. Dagegen kann niemand meckern. Ich meine, deine Hilfsbereitschaft ist doch legendär.» Er sah mich gespannt an. «Und? Bist du dabei?»

Ich überlegte. «Wenn ich mitmachen würde ...»

«Yes!»

«Nein. Ich habe gesagt, wenn ... dann würden sie uns erwischen. Außerdem kauft kein Mensch mehr Drinks, es war ja praktisch das ganze Quartier da.»

«Da täuschst du dich.»

«Wieso? Das müsst ihr mir echt erklären.»

«Wir gehen nicht mehr in den Artergut-Park.»

«Wohin dann? Auf den Schulhausplatz vielleicht? Oder vor Biancas Haus?»

«Hör mir doch einfach mal zu!» Lian sah aus, als ob er gleich platzen würde. «Wir fahren mit unserem Limonenmobil jeden Abend in einen anderen Park. Es gibt über siebzig, Zürich ist die Stadt der Parks. Artergut-Park, Bäckeranlage, Belvoirpark, Botanischer Garten, Chinawiese, Josefwiese, Kasernenareal, Landiwiese, Patumbah-Park, Rieterpark, Sonnenberg, Werdinsel ...»

«... und das Zürichhorn.» Das Letzte hatte Kamil mit seinem englischen Akzent gesagt.

«Verstehst du, Yeshi?», fuhr Lian außer Atem fort. «Kamil und ich bereiten tagsüber alles vor, wir radeln mit dem Limonenmobil los, bauen alles auf und eröffnen die Bar, wenn die Leute Feierabend haben, und dann kommst du zufällig dazu.»

«Aber wofür braucht ihr mich?»

«Womanpower!», sagte Kamil.

«Tanzfußmagie!», sagte Lian.

«Yeshi-Style.» Das sagten beide. «Und, bist du dabei?» Sie musterten mich.

«Und wenn's regnet?», sagte ich.

«Es kommt eine Schönwetterperiode.»

«Was ist mit den Projektinfos? All die Dinge, die Lumi erklärt hat? Ohne hätten die Leute viel weniger Trinkgeld gegeben.»

«Die Stellwand mit den Informationen klappen wir einfach auf, die Leute können ja selbst lesen.»

«Um Drinks zu verkaufen, braucht man sicher eine Bewilligung.»

«Wir stellen eine Sammelbüchse auf. Jeder darf so viel geben, wie er mag.»

«Eine Spende?»

«Genau. So wie die Kollekte in der Kirche, da ist es ja auch erlaubt.»

Das klang plausibel.

«Außerdem ist Lola-Mops dabei. Die Oma will sie uns ausleihen. Sie sagt, Kinder und Tiere, da bleibt kein Auge trocken und kein Geldbeutel zu.»

«Und wie wissen die Leute, dass wir kommen?»

«*TikTok*», grinste Kamil. «Und Facebook für die Älteren.»

«Wir machen jeden Tag ein Video, in dem wir den neuen Ort ankündigen. Das gibt Spannung.»

«And we dance live», ergänzte Kamil.

«Kamil rappt, du machst Hip-Hop und ich Ballett. Kamil hat extra einen Limonen-Song komponiert. Lass ihn laufen, Bro.»

Und schon klang Musik aus seinem Handy. Eine Art Elektrobeat, so mitreißend, dass sich mein Tanzfuß kaum halten konnte.

«Megacool.»

Er nickte stolz. «Comfy Mood.»

«So heißt der Titel.»

Am liebsten hätte ich gleich losgelegt. Da fiel mir etwas Allerletztes ein.

«Vergesst es, Jungs. Ich kann nicht einfach so nach der Schule weg.»

«Das ist der Clou. Kamil und du, ihr übernachtet bei mir. Wir schlafen in meinem Tipi. So haben wir unsere Ruhe.»

«Das erlauben meine Eltern nie.»

«Wenn du sagst, dass du mit Kamil zusammen zu mir kommst, weinen deine Mama und dein Papa vor Rührung. Sie können gar nicht anders als Ja sagen.»

Comfy Mood

Mit Schlafsack, Zahnbürste, Pyjama, Jeans, T-Shirt, den pfefferminzgrünen Turnschuhen und meinem Rucksack samt den Unterlagen für die ganze Woche klingelte ich noch am selben Abend an Lians Tür.

«Hallo, Yeshi», sagte seine Mutter. «Es tut mir sehr leid, ich bin auf dem Sprung, eine Konferenz in Paris. Und Ida, unsere Haushälterin, ist krank. Ich habe euch Pizza bestellt.»

Schon wieder Pizza. Das war gefühlt das zehnte Mal diese Woche.

«Yeshi? Hast du mir zugehört? Danach müsst ihr alleine zurechtkommen. Schafft ihr das?»

Ich nickte und ging um die vornehme Villa herum in den Garten zu Lians Tipi. Es war ein großes Zelt, mit Futons zum Schlafen und einer Ballettstange zum Trainieren. Da würden wir nun also eine ganze Woche lang leben. Es war ziemlich aufregend. Wenn meine Eltern wüssten!

Als ich ihnen von der Einladung erzählt hatte, waren sie entzückt gewesen, wie Lian vorausgesagt hatte. Sie hatten es so übertrieben, dass ich ihren Enthusiasmus dämpfen musste.

«Nur weil ich mit Kamil in einem Tipi übernachte, werden wir keine BFF», hatte ich gesagt.

Sie hatten mir nicht wirklich zugehört, das hatte ich genau bemerkt. Egal, Hauptsache, die Aktion Limonenmobil wurde möglich. Nachdem mich Lian und Kamil überzeugt hatten, war ich richtig begeistert und konnte es kaum erwarten.

Die einzige Auflage, die meine Eltern mir machten, war, dass ich meine Hausaufgaben erledigte.

«Wir wollen keine Klage von Herrn Bernasconi, Yeshi. Und dass du für den Mathetest am Freitag übst.»

«Aye, aye, Mama.»

«Und du berichtest uns jeden Tag, wie's euch geht.»

«Mit meinem neuen Handy?»

«Freche Laus», hatte Papa gesagt und mir das Notfallhandy mitgegeben. Immerhin, es machte sich gut in der Tasche meiner Jeans.

Als Lola-Mops, Lian und Kamil mich durch den Garten kommen sahen, johlten sie. «Yeshi ist hier, es kann losgehen.»

Sie hatten alles eingekauft, wie versprochen. Tonnen von Pappbechern, Limonen und Zucker lagerten im Keller der Villa, die Eiswürfel in der Gefriertruhe, die Pfefferminzblätter gab's im Garten.

Am liebsten wäre ich gleich losgefahren, aber zuerst mussten wir Werbung machen und dafür mussten wir das Video aufnehmen. Fürs Proben ging der ganze Abend drauf. Es war harte Arbeit, das kann ich euch sagen. Bei jedem Durchgang ging etwas schief. Und dabei hatten wir uns die Choreo sorgfältig zurechtgelegt. Ich fing an zu tanzen, bei der zweiten Strophe rappte Kamil den Text. Beim Refrain «Comfy mood, comfy mood» tanzten wir zusammen. Dann eine Strophe Ballett und Hip-Hop ohne Text und beim letzten Rap-Refrain machte Lian einen Sprung mit Pirouette. Der war die Knacknuss. Auch wenn alles andere klappte, den Sprung verhaute Lian jedes Mal.

«Nächstes Mal schaffe ich es», keuchte er, als Kamil und ich aufgeben wollten. Kamil und ich sahen uns an. «Also gut, du hast noch genau eine Chance. Sonst machen wir den Tanz ohne die Pirouette.»

Diesmal lief alles rund, Kamils Rap hämmerte, Lola bellte, Lian sprang und das Video war im Kasten.

YES!

Nun kam Kamils großer Part, mit dem er bewies, dass er ein *TikTok*-Profi war. Er schnitt alles zu einem kleinen Film zusammen und legte einen Text drauf, den Lian und ich geschrieben hatten.

LIMONEN FÜR LIBANON – kühle Drinks vom Limonenmobil auf der Landiwiese. Von 17 bis 19 Uhr. S'hätt, solang's hätt. Freiwillige Spende erwünscht.

Schließlich schickte er das fertige Video an Lian und beide luden es bei *TikTok* hoch. Dann gab's die kalte Pizza und wir zählten die Likes. Nach einer Stunde waren es bloß zwanzig.

«Macht doch nichts», sagte ich, als ich die enttäuschten Gesichter von Lian und Kamil sah. «Wenn jeder von denen kommt und fünf Franken bezahlt, haben wir schon hundert.»

Performance-Magie

Am nächsten Tag konzentrierte ich mich in der Schule voll auf den Schulstoff. Damit sich ja niemand bei meinen Eltern beschwerte. Ganz besonders passte ich in Mathe auf. Wir hatten das Thema Geld, das passte gut zu *Limonen für Libanon*. Doro war schweigsam, Lumi beschäftigt, Felix fehlte, die Krokodilmädels beachteten mich nicht. Am Nachmittag verschwand ich schnell ins Tipi, um mich umzuziehen. Ich wählte ein oranges T-Shirt mit einem rosa Flamingo und schnitt ein Loch hinein. Mit Tram und Bus erreichte ich die Landiwiese auf der anderen Seite des Sees. Es waren schon recht viele Menschen da. Direkt am Wasser stand unser Limonenmobil samt Infotafel mit dem Comic und den Fotos. Im Schatten hechelte Lola-Mops neben einem Kübel Wasser vor sich hin.

«Hi, Yeshi», begrüßte mich Kamil. Er war zufrieden, das *TikTok*-Video hatte hundert Likes. «Wir haben gedacht, wir fangen mit dem Tanz an. Volle Aufmerksamkeit. Und dann verkaufen wir einen Drink nach dem anderen.»

«Kluge Strategie», fand ich.

Lian fand sie mies. «Ich glaube, ich muss erbrechen. Ich kann hier nicht tanzen. Das müsst ihr allein machen.»

Ich musste lachen. «Sei nicht feige.»

«Und die Schulter tut mir weh.» Mit schmerzverzerrtem Gesicht ließ er sie kreisen.

«Lian. Mach kein Drama! Dir tut gar nichts weh, du bist einfach nur nervös. Komm, los geht's.» Kamil machte die Boombox an.

«*Comfy mood*» wummerte es über den Platz. Schon blieben einige Leute stehen. Ich legte los mit dem Tanzfuß. Ließ mich mitreißen von Kamils cooler Melodie.

«*Lemon water, sugar swirl,*
Lemon water, peppermint deal.»

Was machte das doch für einen Spaß!

Nun kam die Strophe. Kamil rappte auf Englisch und ich danach auf Deutsch.

«*Und alles für was Gutes,*
für ne Stadt in Trümmern,
vergessen von der Welt.
Ohne Geld, ohne Food,
ohne Comfy Mood.»

Beim zweiten Refrain tanzte Kamil mit. Er war ein Powerpaket. Wir tanzten und sangen zusammen.

«*Comfy mood, comfy food, comfy drink.*
Lemon water, sugar swirl,
Lemon water, peppermint deal.»

Während Lians Ballettsolo blieben wir auf der Seite stehen, bis wir den letzten Refrain spontan dreistimmig sangen und die Musik mit einem Dreiklang stoppte.

Außer Atem froren wir unsere Pose ein, nur Lola bellte fröhlich. Erst beim Applaus bemerkte ich die Leute. Sie hatten einen großen Kreis gebildet. Es waren nicht viele, aber auch nicht wenige. Und alle wollten einen Drink.

Kamil stellte seine Playlist auf halblaut und begann Drinks auszuschenken, die ich den Leuten gegen eine Spende überreichte.

«Santé», sagte ich. Und «Chin-chin». Oder «Prost».

An der Stellwand erklärte Lian unser Spendenziel und erzählte von Relia und ihren Töchtern. Ich glaube, die Leute fanden es sehr interessant. Eine junge Professorin, so sah sie zumindest aus, gab uns sogar fünfzig Franken. Und ein älteres Paar immerhin dreißig. Für zwei Limonendrinks. Manche wollten nichts trinken, nur plaudern, aber alle spendeten. Es wurden mehr und mehr und die Büchse füllte sich, dass es eine Freude war. Die zwei Stunden gingen im Nu vorbei und um Schlag 19 Uhr waren wir ausverkauft.

«Kommt morgen wieder», rief ich den Leuten zu. «In irgendeinen Zürcher Park. In welchen, erfahrt ihr auf *TikTok* und auf *Facebook*.»

Dann packten wir zusammen. Kamil und Lian fuhren mit dem Rad, Lola thronte im angekoppelten Limonenmobil, ich rannte neben ihnen her.

Im Tipi angekommen, zählten wir das Geld.

«Zweihundertzwanzig Franken», strahlte Lian. «Mehr als ich gedacht habe. Das ist echt geil.»

Liebenswürdigerweise half er mir anschließend bei den Hausaufgaben. Danach bekamen wir Sushi – das hatte Lians Mam organisiert –, informierten unsere Eltern, dass es uns supergut ginge, und schauten vor dem Einschlafen unser Video ein letztes Mal an: Es hatte dreihundertzwanzig Likes.

Und die wurden mehr. Am nächsten Abend waren wir bei achthundertneunzig Likes auf der Kasernenwiese. Da gefiel's Kamil und mir besonders gut, weil viele People of Color vorbeikamen. Am Donnerstag fuhren wir zur Werdinsel. Die ist ganz am anderen Ende der Stadt. Weil unser Werbevideo die Tausendergrenze knackte, beluden wir das Limonenmobil mit dreimal so vielen Zutaten und fragten die Mops-Oma, ob sie uns beim Drinks-Ausschenken helfen würde.

«Die dreitausend Franken haben wir bald», flüsterte Lian, als uns wieder mal jemand für einen Drink eine Zwanzigernote gab. Ein Jugendlicher mit Collegejacke und Sonnenbrille fiel mir auf. Den hatte ich schon einmal gesehen. Bevor ich ihn ansprechen konnte, unterbrach mich eine Frau mit einem riesigen Fotoapparat.

«Du bist die Organisatorin von *Limonen für Libanon*, habe ich gehört. Die Aktion ist ja ein voller Erfolg. Mein Name ist Lange. Ich würde gerne die Spendenübergabe an die libanesische Familie fotografieren und einen Bericht in der Wochenendzeitung bringen.»

Ich bekam auf der Stelle Panik. Das ging gar nicht. Meine Eltern würden es erfahren und Herr Bernasconi. Aber Lian und Kamil beruhigten mich.

«Wir laden Relia ein, sagen ihr aber nicht, worum es geht. Auch allen anderen nicht, das wird die Hammerüberraschung. Und wenn die Erwachsenen sehen, was wir geschafft haben, werden sie gar nicht anders können, als uns zu unterstützen.»

Die Hammerüberraschung

Am Freitagmorgen war ich hundemüde. Komplett kaputt. Nur die Vorstellung, dass Herr Bernasconi Mama oder Papa anrufen würde, gab mir die Energie für den Mathetest. Und stellt euch vor: Ich schrieb ein Gut.

Wie cool war das denn, mehr als ein Genügend-Plus habe ich noch nie geschafft. Es musste das Libanonprojekt sein.

Herr Bernasconi, der uns den Test vor Schulschluss zurückgegeben hatte, war auf jeden Fall stolz auf mich.

«Gut gemacht, Yeshi!»

Da rannte Bianca heulend aus dem Klassenzimmer.

«Was ist denn mit ihr los?»

«Sie ist enttäuscht über ihre Note», sagte Lumi. «Sie hat auch ein Gut.»

«Ein Gut ist doch gut?»

«Für Bianca ist es schlecht.»

«Wie kann ein Gut schlecht sein?»

«Es ist kein Sehr gut. Das braucht sie für die Vornoten, wegen des Gymnasiums.»

«Aber die Prüfung ist doch erst in einem Jahr.»

«Trotzdem. Ihre Mam besteht darauf. Du kennst sie ja mittlerweile.»

«Hm.» Biancas Mam war wirklich ein harte Nuss. Bestimmt nicht einfach für Bianca. «Was hattest denn du, Lumi?»

«Ein Exzellent.»

Ui. Das war das Allerallerbeste überhaupt. «Gratuliere.»

«Gleichfalls», sagte sie und grinste.

Ich lachte auch und lud sie für morgen in den Artergut-Park ein. «Nicht fragen, einfach kommen, okay?»

Lumi fand's cool. Obwohl sie neugierig aussah, hielt sie den Mund. Das ist eben typisch Lumi.

«Was geht eigentlich ab, Yeshi?», fragte Doro vor dem Heimgehen. Sie trug ihre Mütze und kurze Fußballerhosen. Der Fleck an der Wade war fast verschwunden. «Man sieht sich ja gar nicht mehr. Gian hat gesagt, dass du und Kamil jetzt BFF seid.»

Wie gerne hätte ich ihr alles anvertraut. Aber Kamil, Lian und ich hatten Stillschweigen geschworen, bis zum Überraschungsfest am Samstag.

«BFF, Kamil und ich? Ach wo, das ist voll übertrieben.»

«Du wohnst doch in Lians Tipi?»

«Noch eine Nacht. Dann muss ich wieder nach Hause.»

«Und was ist mit Felix?»

Felix. Meine Schmetterlinge tauchten mit einem

Flickflack samt Doppelrolle aus dem Nimmerwiedersehensland auf.

«Der hängt ja jetzt mit Bianca und den Krokogirls ab.» Ich gab mich cool.

«Er sieht nicht happy aus, wenn du mich fragst», sagte Doro.

Tatsächlich. Felix schleppte Biancas Umhängetasche und schielte unter seinem violett-silbernen Pony in unsere Richtung. Einen Moment glaubte ich, er würde mir zuzwinkern. Aber ich hatte mich getäuscht, denn er ging weiter, ohne sich umzudrehen. Ich schickte meine Schmetterlinge wieder in die Versenkung. Ohne das Geflatter ging's mir irgendwie besser.

«Mir egal. Ich bin über ihn hinweg», sagte ich.

Doro machte einen Laut. «Wer's glaubt.»

«Sei nicht frech, G-Qualle», sagte ich. «Was ist mit morgen? Bist du bereit für das Training?»

Doros Grinsen verschwand. «Gian will mich nicht gehen lassen.»

«Was meint deine Ärztin?», fragte ich.

«Die findet, ich soll selbst entscheiden. Aber Gian will nichts riskieren. Er versteht einfach nicht, wie wichtig der Sport für mich ist. Ich bin nur gesund geworden wegen des Fußballs.»

«Dann gehst du heimlich.»

«Er weiß genau, dass das Training um zehn ist. Er wird mich festbinden. Da helfen auch all deine Kniffs nicht.»

Plötzlich hatte ich eine glitzerluftige Idee. Aber ich

würde Doro nichts davon sagen.

«Dann tut's mir leid, G-Qualle», sagte ich. «Komm dafür morgen Nachmittag in den Artergut-Park. Kamil, Lian und ich haben etwas vor. Eine echte Hammerüberraschung.»

Lola-Trotz-Mops

Am Abend war unser letzter Auftritt. Kamil, Lian und Lola-Mops würden das Limonenmobil in die Bäckeranlage fahren, da gab es einen Park und ein Gemeinschaftszentrum. Den Teil der Stadt kannte ich nicht so gut. Nur schon die Fahrt mit der Tram war ein Abenteuer. Als ich an der Langstraße ausstieg, parkte direkt an der Haltestelle ein Polizeiauto mit zwei Polizisten, die wachsam in Richtung Park sahen, den gerade ganz viele Leute betraten. Zum ersten Mal in der Woche verspürte ich Sehnsucht nach meinen Eltern. Jetzt gemütlich mit ihnen auf dem Sofa einen Film schauen, so wie früher, als ich klein war. Oder wenigstens von ihnen beschützt da reingehen.

Im Park waren viele Familien und noch viel mehr Jugendliche. Ob denen unser Spektakel gefallen würde?

Nach einigem Suchen fand ich endlich Kamil. Lola-Mops hockte im vollbepackten Limonenmobil und bellte ihn an, während er auf sein Handy starrte. Er hatte die Kapuze seines Hoodies in die Stirn gezogen und sah finster aus.

«Was ist denn los?», fragte ich auf Englisch, da noch nichts aufgebaut war. «Wo ist Lian?»

«He has an audition.»

«Was für eine Audition?», fragte ich.

Kamil erklärte, dass Lian im Opernhaus Zürich vortanzen müsse. Es ging um eine Rolle in einem Ballett für die nächste Saison. Da würden sie einen ganz jungen Tänzer brauchen, einen wie ihn.

«Wie cool ist das denn! Aber so kurzfristig ...», wunderte ich mich, «gestern hat er noch nichts davon gewusst.»

«So ist das im Ballett», sagte Kamil. «Was machen wir? Sollen wir ohne ihn anfangen? Oder einfach wieder gehen?» Er blickte in die Runde. «Ich weiß nicht, ob wir hier viel Geld verdienen können.»

Aufgeben, so kurz vor dem Ziel? Von den dreitausend fehlten uns noch knapp zweihundert Franken. «Wir schaffen das. Wir müssen einfach noch besser rappen als sonst.»

«Safe», sagte er.

Es fühlte sich eigenartig an. Nur wir zwei. Beim Wasserholen merkte ich, wie vertraut mir Kamil geworden war. Hatte Doro recht? Wurde er mein bester Freund? Während wir vorbereiteten, blieben immer wieder Leute stehen und sahen uns zu. Einige nahmen sich auch einen Drink, spendeten aber nichts. «Let's dance!», sagte Kamil.

Die Boombox war das Signal. Wir fingen super an. *Comfy Mood* fuhr den Leuten ein. Bis ich stolperte. Das verunsicherte mich so, dass ich den Text vergaß. Ein Junge schrie eine Bemerkung auf Englisch. Kamil machte zwar weiter, aber er sah plötzlich zornig aus. Der Schlussapplaus war mager, die wenigen Kinder, die da waren, wollten bloß Lola-Mops streicheln, die wollte jedoch lieber bei Kamil sein, Drinks wollte niemand.

Ich schnappte mir das Tablett mit einigen Gläsern und ging zu den Leuten hin.

«*Limonen für Libanon*», schrie ich dazu wie eine Marktverkäuferin. Ich meine, es konnte echt nicht sein, dass wir hier einen Reinfall landeten. Nun wurde ich einige los. Da das Eis geschmolzen war, waren die Drinks warm, ich beobachtete, wie ein Papa seinen Becher heimlich ausleerte. Ich ging zu ihm hin und zeigte ihm und seinem kleinen Sohn die Infowand. Aber all die Dinge zu erzählen, war nicht so mein Ding. Der Papa lächelte höflich, der Sohn spendete einen Franken. Nach zwei Stunden hatten wir immerhin hundert Franken eingenommen.

«Die Hälfte.» Ich lächelte Kamil an. «Wir schaffen es.»

Kamils Miene war schwer zu lesen. «Vielleicht sollten wir es dabei belassen. Den Rest können wir auch morgen im Artergut-Park noch verdienen.»

«Kinder!» Eine Frau mit blond gefärbtem Haar und grauem Kleid unterbrach unser Gespräch. Sie war mittelgroß, mittelbleich, mitteldünn. Ihre Stimme klang so schrill, dass Lola sich unter das Limonenmobil verzog.

«Wieso sammelt ihr für den Libanon?»

«Wegen der Explosion.»

«Da sind schon einige dran. Wohin schickt ihr denn das Geld?»

«Wir übergeben es direkt an eine Familie.»

«Das ist keine gute Sache. Dafür sind ja die Hilfsorganisationen da.»

Sie wirkte sehr streng. Im Versuch, ihr alles zu erklären, verhedderte ich mich, bis sie mitten in meinem Satz wegging. Sie hatte es wohl eilig.

«Sollen wir nicht zusammenpacken, Yeshi?», fragte Kamil.

«Nein. Es liegt daran, dass die Drinks zu warm sind, der Limonenzauber wirkt nur eisgekühlt.» Ich ließ nicht locker. Wenn ich mir ein Ziel gesetzt habe, dann will ich das auch erreichen. «Ich treibe Eis auf im Gemeinschaftszentrum und mach noch mal eine Runde durch den Park.»

«Hei, ihr Blackies», sagte ein Jugendlicher, als ich mit dem Eis zurückkam. Er stand zusammen mit zwei anderen. Erst jetzt bemerkte ich, dass es im ganzen Park kaum mehr Kinder gab. Fast nur noch erwachsen wirkende Jugendliche. Die Collegejacke des einen kannte ich, die Sonnenbrille, die er sich in die Stirn geschoben hatte, auch. Ich hatte ihn schon mal gesehen. Folgte er uns?

«Ist die Süße zu haben?»

Was war das gewesen?

«Leave her alone», sagte Kamil. Seine Stimme hatte plötzlich einen scharfen Klang.

«Uh. Englisch. Du kein Deutsch sprechen?»

Kamil ignorierte die Provokation. «Du nimmst Lola. Let's go, Yeshi.»

Ohne meine Reaktion abzuwarten, übergab er mir Lolas Leine und begann, das Rad mit dem Limonenmobil in Richtung Ausgang zu schieben.

«Hei, willst du schon gehen? Aber ...» Ich sah auf das Tablett in meiner Hand. Zehn Gläser à zehn Franken, genau so viel, wie wir brauchten. Bestimmt würde ich die noch verkaufen können. Andrerseits hatte Kamil recht, wir sollten hier verschwinden, es war nicht mehr gemütlich.

Lola nahm mir die Entscheidung ab. Denn sie wollte nicht. Die ganze Woche hatte sie super mitgemacht, nun tat sie blöd. Ein richtiger Trotz-Mops. Sie stemmte ihre Pfötchen in den Boden und blieb einfach stehen. Die Jugendlichen fanden das wohl spannend, auf jeden Fall machten sie weitere Scherze und kamen näher. Nun wollte auch ich nur noch weg.

«Los, Lola», sagte ich. «Wir müssen laufen, hier gibt's Stress.»

Aus dem Augenwinkel sah ich, dass die Jugendlichen gleich bei mir wären. Der mit der Collegejacke grinste ziemlich fies.

Kamil kam zurück und nahm mir das Tablett ab, ich zerrte vergeblich an Lolas Leine. Als ich sie hochheben wollte, begann sie zu knurren. Mistmistmist, das hatte sie noch nie gemacht.

«Yeshi, ich trage Lola, schiebst du das Rad? Can you do that?»

Kamils Stimme klang so tief und sicher, dass ich mich beruhigte. Wir machten es so, wie er vorgeschlagen hatte. Ich schob das Rad, und er nahm Lola auf den Arm. Schon waren wir beim Ausgang. Wo Lola so zu zappeln begann, dass auch Kamil sie kaum mehr halten konnte.

Vor uns war die Frau mit den blond gefärbten Haaren aufgetaucht.

«Heee!» Ihre Stimme klang noch schriller als eben. «Was macht ihr mit dem Hund? Wollt ihr ihn entführen?» Sie begann, an Lolas Halsband zu zerren. «Gebt den Hund her, habt ihr nicht verstanden?»

«Aber das ist unser Hund», sagte ich, Kamil fluchte und Lola jaulte auf. Ein Mann war stehen geblieben und sah zu uns her. Nun kamen auch die Jugendlichen angerannt, allen voran der mit der Collegejacke. Handys wurden gezückt.

«Was ist denn los? Werden die Blackies frech?»

Die Frau zerrte immer stärker. «Achtung, Sie würgen sie.» Kamil machte einen Schritt zurück, um Lola zu beschützen. Ein Gerangel entstand. Ich wollte Kamil helfen. Die Frau schrie auf.

«Hilfe. Die Göre ist gewalttätig.»

Meinte die mich? Da reichte es Lola. Sie wand sich aus Kamils Armen und hoppelte davon, die Leine hinter sich herschleppend. NEIN! Da vorne war die Langstraße, mit sehr viel Verkehr.

«Ich hole sie, ich bin schneller als du. Warte hier auf mich», sagte ich zu Kamil und rannte los. Gerade hatte ich Lola erreicht, als sie mir durch die Finger schlüpfte und wie eine Granate davonstürmte. Wenn ich sie einholen wollte, musste ich alles geben. Ich legte den Turbolauffuß ein und erwischte sie kurz bevor sie die Straße bei Rot überquerte. Nun sah ich auch den Grund ihrer Eile.

Auf der anderen Seite wedelte eine Mopshündin, die Lolas Schwester sein könnte. Die haben dieselben Gen-Tiere, dachte ich. Eigentlich wollte ich so schnell wie möglich wieder zu Kamil zurück, aber Lola machte den Mama-Blick und gegen den hab ich keine Chance. Außerdem bemerkte ich von Weitem, dass zwei Polizisten auf Kamil und die Frau zugingen. Das war gut, dachte ich. Sie würden die Situation klären und die Frau daran hindern, solche Lügen zu erzählen.

Wir überquerten die Straße und begrüßten die Hündin namens Mops Marple samt Besitzerin. Lola und Mops Marple wurden BFF und ich gab der Frau die Nummer meines Notfallhandys. Danach war Lola total erschöpft, zu viel Aufregung. Ich nahm sie auf den Arm. Ungefähr eine Sekunde fühlte es sich gut an, dann wurde sie fürchterlich schwer.

Black Lives Matter

Als ich mit Lola zur Bäckeranlage zurückkam, standen die beiden Polizisten immer noch neben Kamil und der Schrillschrei-Frau. Sie trugen gelbe Leuchtjacken über einer dunkelblauen Uniform, am Gurt baumelte ein Knüppel und etwas, das aussah wie eine Pistole.

Mistmistmist!

Warum war ich nicht gleich zu Kamil gekommen? Die Jugendlichen hatten sich in der Nähe um ihren Collegejacken-Anführer zusammengerottet und schauten neugierig zu. Vorsichtig trat ich näher.

«Das Mädchen und er haben illegale Drinks für ein illegales Spendenprojekt verkauft», sagte die Frau gerade.

Der Polizist nickte. «Bei uns ist eine diesbezügliche Meldung eingegangen.»

Hä? Hatte uns jemand angezeigt?

Aber die Frau hatte noch mehr auf Lager. «Außerdem gehört der Hund ganz offensichtlich nicht ihnen. Vermutlich eine Diebesbande. Seit der Pandemie sind ja Welpen gefragt wie nie. Es gibt lange Wartelisten.»

Sprach die von Lola-Mops? Die war eine ältere Hundedame und kein Welpe.

«Hast du den Hund geklaut?», fragte der Polizist Kamil.

«Sorry, I don't speak German», sagte Kamil.

Er schob die Kapuze vom Kopf und sah dem Polizisten in die Augen, die Hände hielt er auf Brusthöhe vor sich.

«Was machst du hier?», fragte der Polizist weiter auf Deutsch, als ob er Kamil nicht verstanden hätte.

Das war ja nicht zum Aushalten. Er kann kein Deutsch. Hat er doch gerade gesagt. Das müssen Sie doch verstehen, Sie als Polizist, hätte ich am liebsten gesagt. Aber natürlich tat ich das nicht, ich bin ja nicht blöd. Ich schluckte meine Angst hinunter und schummelte mich an dem einen Polizisten vorbei zu Kamil.

«Entschuldigung», sagte ich so höflich, dass sich Mama gefreut hätte. «Er spricht kein Deutsch. Das hat er ja erklärt. Er spricht nur Englisch.»

Die Frau schoss herum. «Das ist sie. Wie ich beschrieben habe. Sieht aus wie er, nur ohne Kapuze. Und das ist der Hund.»

Sie machte einen Schritt auf mich zu, als ob sie mir Lola wegnehmen wollte. Ich packte Lola ganz fest.

«Du sprechen Deutsch?», fragte mich der Polizist in holprigem Hochdeutsch.

«Schweizerdeutsch geht auch», sagte ich und zog mit der linken Hand das T-Shirt über die Löcher in der Jeans. Hätte ich nur auf Mama gehört.

«Wieso?», fragte die Frau. «Wieso sprichst du Deutsch?»

«Wieso nicht?»

«Sehen Sie, wie frech die ist», sagte die Frau zum Polizisten.

«Ich habe nur Antwort gegeben», sagte ich. «Ich heiße übrigens Yeshi. Und das ist Kamil.»

«Dein Freund?»

Nun wurde es kompliziert. «Der Sohn der Freundin meines Papas.»

«Wieso kann er kein Deutsch?»

«Weil er aus London kommt.»

«Und du?»

«Na, ich bin von hier.»

«So siehst du aber nicht aus.»

Mein Wutballon zuckte auf.

«Hast du einen Ausweis?», fragte der Polizist.

Noch nie im Leben hat mich jemand nach einem Ausweis gefragt. «Nein, den hat Mama bei sich im Portemonnaie.»

«In der Schweiz muss man immer einen Ausweis dabeihaben.»

«Aber Mama musste noch nie einen zeigen. Nur am Flughafen, wenn wir nach London reisen.»

«Das empfehlen wir allen Ausländern», sagte der Polizist.

«Aber wir sind Schweizerinnen», sagte ich.

«Schweizerin?» Die Frau machte einen Laut. «Unglaublich, was die zusammenschwindelt.»

Mein Wutballon wuchs und wuchs.

«Ich lüge nicht. Nur ganz selten und in absoluten Notsituationen.»

«Sie hat es zugegeben. Spuck es aus. Wem hast du den Hund geklaut?»

«Der ist nicht geklaut. Der gehört der Mops-Oma. Wir haben ihn ausgeliehen.»

«Und wo wohnt die Mops-Oma?», fragte der Polizist.

«Beim Hottingerplatz.»

Die Polizisten wechselten einen Blick. «Das ist aber ganz schön weit für einen Spaziergang. Seid ihr wirklich autorisiert?»

Das Wort schien Kamil zu verstehen. «Yes, we are authorized. Von der Mops-Oma.»

Danke, Kamil, dachte ich. Wie toll er sich bemühte, irgendwie mitzukommen und mir zu helfen. Nur die Hände hielt er immer noch so komisch in der Luft.

«Wir rufen sie an», sagte der eine Polizist, «und verifizieren es.»

«Sie hört nicht mehr so gut und geht selten ans Telefon.»

Der Polizist hatte sein Handy hervorgezogen. «Wie heißt sie?»

«Mops-Oma.»

«Und der richtige Name?»

«Wir nennen sie nur so.»

«Du kennst ihren Namen nicht? Aber sie hat dir den Hund gegeben?»

«Natürlich.»

«Wie lautet denn die Telefonnummer deiner Mama?»

Oh nein, Mama sollte er nicht anrufen. Sie würde total erschrecken. «Ich weiß sie jetzt gerade nicht auswendig.»

«Sonst schon?»

«Ich hab's nicht so mit Zahlen.»

«Die finden wir raus. Wie alt bist du denn?»

«Bald zwölf», sagte ich.

Die Frau lachte auf. «Eiskalt, wie die lügt. Die ist mindestens sechzehn. Schauen Sie doch die Kleider an. Und ihr Typ ist erwachsen.»

Sie deutete auf Kamil.

Mir reichte es. «Wieso sprechen Sie von ihm, als ob er nicht da wäre? Er heißt Kamil, nicht ‹er›.» Der Wutballon in meinem Bauch war kurz vor dem Platzen. «Ich finde, Sie sind unhöflich. Wir haben uns vorgestellt und Sie nicht.»

Die Frau funkelte mich an, ich funkelte zurück, war aber einen winzig kleinen Moment nicht aufmerksam. Schon wand sich Lola aus meinen Armen und hoppelte erneut davon, in Richtung Langstraße und Mops Marple. Als ich ihr folgen wollte, hielt mich die Frau fest.

«Hiergeblieben, du Strolch.»

«Kamil! Die Straße.» Er reagierte blitzschnell und rannte los.

«Er flüchtet», schrie die Frau. «Schnappen Sie ihn.»

Die Jugendlichen setzten sich in Bewegung, die Polizisten sahen sich unentschlossen an.

«Lasst Kamil in Ruhe, er will nur Lola zurückholen», schrie ich. «Sie hat Mops Marple gewittert, das ist ihre neue BFF.»

«Was erzählt die da für einen Quatsch! Sie will Sie nur ablenken, Herr Polizist. Wenn der Hund die beiden kennen würde, würde er nicht abhauen.»

Ich sah den einen Polizisten an, den kleineren von beiden, der netter wirkte. «Sie ist verwirrt, wenn sie ihre gewohnte Umgebung verlässt, wissen Sie. Außerdem spricht die Frau viel zu hoch. Das kann Lola nicht ausstehen.»

Das war zu viel. Die Frau ließ eine Schimpftirade los, bis sie unterbrochen wurde.

«Achtung, der Blackie kidnappt den Hund!» Keine Ahnung, wer das geschrien hatte.

Wir sahen alle nach vorn, wo Kamil gerade Lola erreicht hatte und sich zu ihr hinunterbeugte. Sie sprang an ihm hoch und freute sich, als hätte sie ihn seit Wochen nicht mehr gesehen. Aus der Gegenrichtung näherten sich die Jugendlichen von eben, formiert zu einer bedrohlichen Wand.

«Kamil, nein!», schrie ich. Und zu den Polizisten: «Sie müssen etwas machen. Die greifen ihn an!»

Auch die Frau redete auf die Polizisten ein. «Worauf warten Sie? Verhaften Sie die.»

In dem Moment sah ich, wie einer der Collegejacken-Jugendlichen die Hand hob. Blitzte da ein Messer auf?

«Warten Sie, ich muss Kamil helfen.» Ich sprintete los, dass mein Lauffuß nur so über den Bürgersteig flog.

Bis ich von hinten gepackt wurde. Der Polizist erwischte mich am T-Shirt. Es riss und ich knallte voll auf den Boden, war wie gelähmt. Hatte nur noch ein Loch in meinem Kopf. Ein volles Blackout. Da kamen plötzlich die Schmetterlinge aus der Versenkung. Und Problem-Javier. Daneben sah ich Stefano. Meine Mama und Papsipaps. Und noch zwei Leute, die ich nicht kannte. Sie alle lächelten mir zu. Mit einem Schlag war ich wieder zurück auf dem Bürgersteig vor dem Park.

«Bitte, wir wollen doch nur Lola-Mops retten», sagte ich zum Polizisten. In dem Moment kam Kamil mit Lola zu uns. «Alles in Ordnung, Yeshi.»

«Ich hatte Angst, er will dich angreifen.»

Wir sahen zu dem Jugendlichen, der gerade vom zweiten Polizisten befragte wurde.

«Easy, Yeshi.»

Kamil drückte meine Hand.

«Es tut mir sehr leid», sagte der erste Polizist zu mir. «Das hätte nicht passieren dürfen.»

Als er mir beim Aufstehen helfen wollte, lehnte ich ab. «Danke, ich schaff das.»

Die Schrillschrei-Frau verstand es immer noch nicht. «Ich hatte also recht», sagte sie triumphierend. «Diese verdammten ...»

Dann sagte sie das N-Wort.

Alle erstarrten.

Kamil, Lola, die Polizisten, die Zuschauenden, sogar die drei Jugendlichen, einfach alle.

«Das ist verboten», sagte ich schließlich, als ich die Sprache wiederfand. «Das dürfen Sie nicht sagen.»

«Das wüsste ich aber», sagte die Frau. «Für Gesindel, das vor der Polizei davonrennt, gibt's kein anderes Wort.»

Der Polizist neben mir räusperte sich. «Halten Sie sich zurück, bitte. Das Mädchen hat recht.»

Das erzürnte die Frau so, dass sie das N-Wort erneut aussprach.

Da mischte sich der Collegejacken-Jugendliche ein.

«Haben Sie sie noch alle?», sagte er zu der Frau. «Nichts gelernt von *Black Lives Matter*? Es ist voll rassistisch, was Sie da labern. Sie kann doch nichts dafür, dass sie braun ist.» Er zeigte auf mich.

«Danke», sagte ich zu ihm. «Aber das stimmt nicht.»

Er war verwirrt. «Was habe ich denn Falsches gesagt?»

«What did he say?», fragte Kamil.

«It's not my fault that I am PoC», sagte ich. «Es ist nicht meine Schuld, dass ich ein Mädchen of Color bin.»

«We. Wir», sagte Kamil. «Dass wir PoC sind.»

Es war so eine schlimme Situation. So ganz megakrass schlimm. Und doch flatterte mein Herz. «We» hatte Kamil gesagt. Wir. Wir sind PoC.

«Es hat nichts mit Schuld zu tun», sagte er laut und auf Englisch.

«Das hat auch niemand gesagt», sagte der Polizist.

Doch, dachte ich. «Wir können nichts dafür» heißt, wir sind nicht schuld. Das ist falsch. Wir sind, wie wir sind. Ihr seid, wie ihr seid. Wenn ihr sagt, wir können nichts dafür, klingt es, als ob ihr besser wärt als wir, als ob wir uns verteidigen müssten. Das Gespräch mit Mama fiel mir ein, als sie sagte, wir wären alle gleich. Nun wusste ich, was ich antworten würde.

«Blödes Gör», sagte der Jugendliche, machte den Reißverschluss seiner Jacke zu und zog mit seinen Kollegen ab. «Und dabei wollte ich nur helfen.»

«Does it hurt?», fragte Kamil und zeigte auf mein Bein. «Tut es weh?»

Der nettere Polizist hatte bereits Pflaster hervorgeholt. «Es tut mir wirklich leid», sagte er.

Plötzlich war er wie ein umgedrehter Handschuh, wie die Mops-Oma sagen würde. Als die Schrillschrei-Frau erneut keifte und ihn angriff, weil er nichts gegen uns unternahm, nahm er ihre Personalien auf, so nannte er das.

«Sie hören von uns. Ich überlasse es der Familie der Kinder, ob sie Anzeige gegen Sie erstatten.»

Fahrt im Polizeiauto

Wir brachten alles im Kofferraum des Polizeiautos unter, sogar das Fahrrad. Als wir auf der Rückbank saßen, von den Polizisten durch eine Glasscheibe getrennt, nahm ich Kamils Hand.

«Thank you.»

«You're welcome, sister. Gern geschehen.»

Die Stadt zog an uns vorbei.

«Du?», fragte ich nach einer Weile auf Englisch. «Warum hast du eben vor dem Polizisten die Hände so komisch gehoben? Als ob er dich bedroht hätte?»

Kamil schwieg. «Das lernen wir Jungs schon als kleine Kinder», sagte er nach einer Weile. «Mir hat's mein Papa beigebracht, bevor er gegangen ist. Wir müssen immer damit rechnen, dass die Polizei uns mieser behandelt als Weiße. Indem wir die Hände heben, zeigen wir, dass wir keine Waffen haben, nichts Böses wollen.»

WAS?

«Aber du bist dreizehn.»

«Und Schwarz. Du hast die Frau ja gehört, sie dachte,

ich sei erwachsen.»

«Das ist voll unfair.»

«Ist einfach so.»

«Dagegen müssen wir kämpfen.»

«Haben wir ja gerade gemacht.»

Wir hielten uns immer noch an den Händen. Es fühlte sich gut an.

Nachdem wir die völlig erschöpfte Lola bei der Mops-Oma abgegeben hatten, schoben die Polizisten auf der Weiterfahrt die Scheibe zur Seite und wollten alles wissen über das Spendenprojekt. Sie erzählten uns, dass uns jemand angezeigt habe, weil unser Limonenmobil eigentlich eine Bewilligung bräuchte, aber da wir Kinder seien, läge der Fall anders.

«Wer hat uns angezeigt?»

«Das können wir dir im Moment noch nicht verraten.»

Ich ahnte es, es musste Bianca gewesen sein. Schwamm drüber. Schon fuhren wir bei Lian vor, der auf dem Bürgersteig auf uns wartete.

«Da seid ihr ja», sagte er. «Ich wollte gerade die Polizei informieren.»

Da mussten wir alle ziemlich lachen. Während die Polizisten alles ausluden, erklärten wir Lian, was passiert war. In dem Moment kam seine Mutter aus dem Haus, sie war zurück von ihrer Reise.

«Eure Eltern haben mich angerufen, Kamil und Yeshi. Sie wünschen, dass ihr wieder heimkommt. Sie waren unruhig, weil sie euch nicht erreicht haben.»

Auf dem Notfallhandy waren zehn unbeantwortete Anrufe von Mama. Ich schickte ihr eine SMS, Kamil machte dasselbe mit Charlene. Dann verabschiedeten wir uns von Lian.

«Morgen Abend im Artergut-Park. Die Übergabe an Relia machen wir, auch wenn wir nicht alles haben. Kannst du das Geld mit nach Hause nehmen, Yeshi?» Er zeigte auf das Polizeiauto. «Bei dir ist es besser bewacht als im Tipi.»

Der nettere Polizist wollte wissen, was wir damit meinten. Als ich es ihm erklärt hatte, holte er das Portemonnaie raus und gab uns die fehlenden hundert Franken. «Damit habt ihr euer Spendenziel erreicht.»

Wir fanden es megacool und versprachen, ihm Fotos von Relias neuer Wohnung zu schicken, wenn es dann so weit wäre.

Nachdem Kamil mir die volle Büchse übergeben hatte, fuhren die Polizisten zu mir. Kurz vor meiner Straße beugte ich mich nach vorn.

«Können Sie uns früher rauslassen, bitte?»

«Nein. Wir müssen mit deinen Eltern sprechen.»

«Wieso?»

«Sie müssen sich überlegen, ob ihr die Frau anzeigt.»

«Wieso können das nicht Sie machen?»

«Weil sie dich und Kamil beleidigt hat.»

«Kann ich das nicht allein regeln?»

«Du bist minderjährig.»

Der Wutballon hatte sich gerade beruhigt, aber nun

begann er wieder zu zucken. In was für eine miese Lage mich diese Schrillschrei-Frau doch gebracht hatte! Das Gespräch mit meinen Eltern würde voll schwierig werden, ich kannte das. Sie haben solchen Stress, wenn sie rassistische Sachen hören, dass sie gar nicht mehr klar denken können.

«Morgen», bettelte ich. «Können Sie morgen vorbeikommen? Im Artergut-Park vielleicht.»

Der Polizist drückte mir eine Visitenkarte in die Hand. «Okay. Ihr erzählt euren Eltern, was passiert ist. Und morgen Abend komme ich vorbei.»

Travel-Chad

Später im Bett, nachdem Kamil, Papa und Charlene mit uns Spaghetti gegessen und ins *Airbnb* zurückgekehrt waren, erzählte ich Mama von unserem Limonenfest im Artergut-Park.

«Es gibt eine Überraschung. Und alle sollen kommen.»

Mama wusste nicht recht, was sie davon halten sollte. «Yeshi, du bist mir viel zu selbstständig geworden.»

«Ich bin bald zwölf Jahre alt, da ist man schon fast erwachsen. Das ist doch kein Sonnenuntergang.»

Da musste Mama lachen. «Weltuntergang. Es ist kein Weltuntergang, Yeshi.»

Sie nahm mich in den Arm. Ich kuschelte mich ganz fest an sie. Es war ein schönes Gefühl. Meine Mama. Wenn ich sie brauche, ist sie da. Ob ich ihr von dem Angriff erzählen sollte?

Da klingelte das Telefon. Doro wollte mich unbedingt sprechen. Ich verzog mich mit Mamas Gerät in mein Zimmer, wo in meinem vollgestopften Rucksack auch die Geldbüchse war.

«Doro? Was ist los? Geht's dir nicht gut?»

«Du wolltest mir doch wegen morgen helfen. Wegen der Talentscout-Frau. Papa hat mein Fußballzeug beschlagnahmt, damit ich ja nicht heimlich gehen kann. Das Training ist auf elf verschoben. Hast du einen Plan, Yeshi? Du hast es mir versprochen.»

Das hatte ich total vergessen. «Gibst du mir die Telefonnummer von deinem Trainer, Doro?»

«Den kannst du nicht anrufen. Es wäre voll peinlich.»

Doro hängte auf. Mistmistmist. Sauber hingekriegt. Beste Freundin hängen lassen.

«Mama?», fragte ich, als ich in die Küche zurückkam. «Ich muss noch was für Doro erledigen. Darf ich das Laptop haben?»

Mama erlaubt es, obwohl es schon spät war. Sie musste noch ein Manuskript durchlesen und war ganz froh.

Es war wieder mal Zeit für eine *Yesherche*. Erst suchte ich die Telefonnummer von Doros Fußballverein. Da rief ich mit dem Notfallhandy, das Mama noch nicht zurückgefordert hatte, an. Eine nette Frau ging ran. Sie war eine Trainerin und im Clubgebäude dabei, alles für den Anlass am nächsten Tag zu organisieren.

«Ich bin Doros Halbschwester», sagte ich. «Wir planen morgen eine Überraschung. Im Artergut-Park. Sie können auch kommen, wenn Sie mögen.»

«Danke.» Die Trainerin lachte ein wenig. «Hast du mich deswegen angerufen?»

Nein, natürlich nicht. «Doro kann am Vormittag um

elf nicht zum Training mit der Talentscout-Frau kommen.»

Die Trainerin war sehr erstaunt. «Wieso hat sie das nicht früher gesagt? Als wir die Einteilung gemacht haben.»

«Da wusste sie ja noch nicht, dass es schwierig wird.»

«Was ist denn schwierig?», fragte sie.

Lüge oder Wahrheit? Niemand im Klub wusste von Doros Krankheit. Es zu erzählen, wäre Verrat. Es nicht zu erzählen, feige.

«Yeshi? Bist du noch da?»

«Kann Doro vielleicht ausnahmsweise später kommen? So gegen 13 Uhr?»

«Wenn du mir sagst, warum.»

Die war ganz schön hartnäckig. «Nein, das muss Doro selbst tun.»

Langes Schweigen. «Na gut. Ihr habt Glück. Ein Mädchen würde gerne früher kommen. Doro könnte mit ihr tauschen. Sie wäre um 14 Uhr dran, das ist der letzte Termin.»

«Sie hätte dann keine Trainingssachen dabei. Können Sie ihr welche ausleihen?»

«Natürlich. Wir haben immer etwas da. Nur die Schuhe sind schwierig.»

«Oh.» Meine Enttäuschung war riesig. Die Schuhe waren das Wichtigste. Die Trainerin merkte es.

«Wie ist denn Doros Schuhgröße?», fragte sie plötzlich.

Die wusste ich genau. Sie war wie meine.

«38?», sagte die Frau. «Du hast nochmals Glück. Hier ist ein vergessenes Paar genau in der Größe. Ziemlich abgegriffen allerdings. Wenn Doro das in Kauf nimmt, darf sie die haben.»

Juhuuu! Meine Schmetterlinge flogen auf. Endlich mal wieder etwas, das klappte.

«Ich sage ihr gleich Bescheid.»

«Einverstanden. Kann ich mich auf dich verlassen?»

«Großes Yeshi-Ehrenwort.»

Gleich darauf rief ich Doro zurück. Vor Aufregung brachte ich keinen geraden Satz zustande.

«Termin um 14 Uhr. Wir laden alle zum Limonen-Fest ein ... du hilfst beim Vorbereiten ... und kommst einfach zu spät.»

Doro verstand, was ich meinte. Sie hat's ja nicht so mit Gefühlen, aber ich glaube, sie war megahappy. Uff.

«Du solltest der Talentscout-Frau von deiner Krankheit erzählen», sagte ich zum Schluss.

«Nein.»

«Doch.» Ich musste sie davon überzeugen. «Wenn sie weiß, was mit dir ist, und dich trotzdem wählt, hast du gute Argumente für Gian. Und wenn nicht, dann musst du es einfach akzeptieren.»

Das sah Doro ein. «Danke, K-Girl.»

«Kein Thema, G-Qualle.»

Als ich auflegte, fühlte ich mich euphorisch: Doro würde für die Scout-Frau Fußball spielen. Wie cool war das denn!

Bevor ich das Laptop zuklappte, kontrollierte ich mein Schulmail-Postfach. Ich hatte eine Nachricht bekommen. Der Absender war Travel-Chad. Meine Schmetterlinge machten einen Sturzflug. Nicht lesen, Yeshi, schrien sie.

Ich starrte auf den Absender: travelchad8376@travel-chad8376.com.

Dass ich ihm geschrieben hatte, kam mir vor wie vor Wochen. Seither war so viel passiert. Ich dachte an den Familienbaumstamm, an die bunten Blätter. Und die Gen-Tiere, die wie kleine Ameisen rumkrabbelten und mir zuwinkten. Ich holte tief Luft. Kniff die Augen zusammen. Und klickte die Mail an. Er hatte mir nur ganz wenig geschrieben, einige Sätze. Vor fünf Tagen, gleich nachdem ich meine Anfrage abgeschickt hatte.

Liebe Ferau Yeshi, wie von Ihnen gwünscht, habe ich für den Zeitraum zu ihrer Geburt Recherchen einige in Addis Abeba angestellt. Die Resultate bereit nun liegen. Nach einer Überweisung von zweitausend Dollar erhalten Sie die Daten entsprechenden. Sollte ich nichts von Ihnen hören binnen Woche einer, Ihre Daten wieder gelöscht werden. Freundliche Grüse Travel-Chad.

Darunter war eine Telefonnummer. Für Fragen konnte man jederzeit anrufen. Rund um die Uhr.

1800-Dollar-Challenge

Ich konnte nicht schlafen. So dick war mein Javier-Problemelefant noch nie gewesen. Nicht wie sonst stand er schläfrig an der Seite. Nein, er hatte sich aufgerichtet, grau und groß, und sah mir direkt in die Augen. Yeshi, du musst das Problem lösen. Und zwar bald.

Ja schon, aber was sollte ich tun?

Travel-Chad hatte meine Bauchеltern gefunden. Irgendwo in Addis Abeba. Sie warteten bestimmt auf mich, seit vielen Jahren. Ich musste nur das Geld bezahlen, um die Informationen zu bekommen. Wenn ich sie erst mal hatte, dann würden meine Herzeltern bestimmt mit mir dahin reisen. Sie hatten das sowieso geplant.

«Sobald du alt genug bist und die Pandemie auf der ganzen Welt vorbei ist, reisen Papa und ich mit dir nach Äthiopien.»

Aber ehrlich gesagt, manchmal denke ich, dass ihnen die Pandemie sehr gut gelegen gekommen ist. Immer wenn ich nachgefragt hatte, wenn ich Genaueres wissen wollte, wenn ich Mama bat, ob wir vielleicht wenigstens mal herausfinden könnten, wo sie lebten, meine Baucheltern, dann vertröstete sie mich.

Relia fiel mir ein. Sie würde mir einen Rat geben können. Wir würden uns ja beim Limonenfest sehen. Aber dann wäre es vielleicht zu spät. Außerdem war ich mir unsicher. Relia hatte mich vor Travel-Chad gewarnt.

Aber Relia war Relia, und Yeshi war Yeshi. Ich wollte es einfach so furchtbar gerne wissen.

In meinem Zimmer war es nie ganz dunkel, ich kann sonst nicht schlafen. Ich sah meine Sockenponys, Svenja, Inchie und den dicken Louis, wie sie da verstaubt in der Ecke standen, einer der Besenstiele war geknickt. «Könnt ihr mir vielleicht helfen?»

Sorry, Yeshi, du kannst uns nicht monatelang vernachlässigen und dann annehmen, dass wir sofort wieder antraben. Das Problem musst du selbst lösen.

Am Laptop auf meinem Schreibtisch blinkte ein hellgrünes Lichtlein. «Ruf mich an, ruf mich an.» Daneben stand die Geldbüchse. Ob da wirklich dreitausend Franken drin waren? Ich machte das Nachtlicht an. Meine Schachteluhr zeigte zehn vor vier. Um die Zeit war ich noch nie im Leben auf gewesen.

Ich tappte zum Schreibtisch und begann zu zählen. Die Scheine hatte ich schnell, für das Kleingeld brauchte ich länger. Dreitausend und drei Franken. Damit könnte Relia einen Teil ihrer Wohnung renovieren und mit Banu und Amira zu ihrem Papa zurückkehren. Wenn es ihnen besser ging, könnten sie auch anderen helfen.

Aber du hast nie versprochen, dass sie dieses Geld bekommt, dachte ich. Sie weiß gar nichts davon. Nur Kamil und Lian wissen es. Und die verstehen bestimmt, wenn du es für Travel-Chad ausgibst. Sie würden wollen, dass du deine Wurzeln kennst, so wie sie. Wie viel dreitausend und drei Franken wohl in Dollar waren? Ich klappte das Laptop auf und *yesherchierte*. Dreitausendzweihundert. Diese Zahl spuckte das Laptop aus.

Wenn ich zweitausend davon für Travel-Chad ausgeben würde, blieben für Relia immer noch tausendzweihundert. Ich könnte Kamil und Lian sagen, dass wir falsch gezählt hatten.

Das ist eine Lüge, Yeshi, hörte ich einen Chor von hohen Stimmen. Sie gehörten den Schmetterlingen. Vielleicht berichtet dann die Journalistin nicht mehr über euch. Und dabei könnte dieser Zeitungsartikel wichtig werden.

«Haltet die Klappe, ihr blöden Flügler. Erst nichts sagen und mir dann ein schlechtes Gewissen machen.»

Aber wir haben recht, flüsterten die Schmetterlinge. Wenn die Zeitungen über euch schreiben, gibt es vielleicht noch mehr Geld. Ihr könntet weitere Helfer suchen, die zu den Parks fahren, um Limonendrinks zu verkaufen. Vielleicht würden ja noch andere aus der Klasse mitmachen. Kamil und Lian reisen am Sonntagabend ab, danach könnte Felix dir helfen. Und Doro und Lumi auch. Vielleicht liest der Schulleiter den Artikel und erlaubt Herrn Bernasconi, wieder mitzumachen.

Wer will das schon, trompetete Javier, der sich von hinten angeschlichen hatte, viel Arbeit und nur Ärger. Ihr seid Schulkinder, ihr könnt nichts bewirken. Komm auf den Teppich, Yeshi. Der kann nämlich nicht fliegen. Fliegende Teppiche gibt's nur im Märchen. Deiner ist am Boden. Und da gehörst du auch hin. Wenn du die Wurzeln gefunden hast, sind all deine Probleme gelöst. Die lösen sich in Luft auf. Und ich mich mit ihnen.

«Wohin gehst du dann, Javier?»

Zum nächsten Kind, trompetete er. Es gibt immer eines, das mir einen Stall zur Verfügung stellt.

Ich fand, Javier hatte recht. Auch wenn es die Schmetterlinge anders sahen.

Ich öffnete meine Schulmail. Travel-Chad hatte noch mal geschrieben. Als ob er wüsste, dass ich dauernd an ihn dachte.

Liebe Ferau Yeshi, dies ist Erinnerung eine. Sie haben noch genau drei Tage. Dann werden gelöscht ihre Daten. Danke guter Geschäftslage ich den Preis für die Informationen senken konnte. Wenn Sie mir Betrag geben BAR, sind es nur tausendachthundert Dollar, tausendneunhundertfünfundachtzig Franken. Können Sie bezahlen das? Oder es ist eine Challenge?

Eine 1800-Dollar-Challenge.

Was er wohl mit «bar» meinte? Einmal *yesherchieren* und schon wusste ich es. Er wollte das Geld direkt bekommen. Wie wenn ich bei der Bäckerin mein Croissant mit einem Geldstück bezahlte und nicht mit einer Karte so wie die anderen. Aber dafür mussten wir uns sehen.

Ohne zu überlegen, schrieb ich eine Antwort-Mail.

Lieber Travel-Chad, ich lebe in Zürich. Und wo leben Sie?

Als ich auf *Absenden* drückte, erklang ein fröhliches Signal. Viel zu laut, hoffentlich ist Mama nicht aufgewacht. Gleich darauf knarrte der Boden im Flur. Schnell klappte ich das Laptop zu, huschte zurück ins Bett und Mama kam herein.

«Yeshi! Was machst du da?»

«Ich kann nicht schlafen.»

«Oh, mein Mädelchen. Das verstehe ich gut. Es war zu viel diese Woche, gell. Ich hätte es wissen müssen.»

Was meinte Mama? Dass ich mit Kamil und Lian im Tipi übernachtet hatte?

«Ihr habt da bestimmt ganz schlecht geschlafen.»

Ach Mama, dachte ich.

«Yeshi?», fragte sie. «Ist mit dir alles in Ordnung?»

«Du, wo ist meine Bauchmama?»

Mama wurde ganz still. Sie setzte sich zu mir ans Bett. Schwieg so lange, bis ich es nicht mehr aushielt.

«Ich würde sie gerne auf den Familienbaumstamm zeichnen.»

«Und deinen Bauchpapa?»

«Den auch. Aber am allerliebsten die Bauchmama. Sagst du mir, wo sie ist? Dann könnten wir sie anrufen und fragen, ob sie mit drauf will.»

Mama seufzte. «Yeshi, es tut mir so leid. Ich habe es dir doch erzählt. Wir wissen leider nicht, wo deine Baucheltern sind, wir kennen sie nicht. Darum können wir sie auch nicht anrufen. Wenn du größer bist ...»

«Ich weiß, dann fahren wir nach Äthiopien. Aber das dauert noch ewig. Vielleicht kommt noch eine Pandemie, und dann hast du bestimmt gerade einen wichtigen Auftrag. Und überhaupt.»

Ich schluckte und schwieg.

«Darf ich dich umarmen, Yeshi?»

Ich nickte. Mamas Arme fühlten sich vertraut an. Sie hielt mich ganz fest.

«Mein Mädelchen. Ich kümmere mich darum. Ich verspreche es dir. Und in der Zwischenzeit können wir ja schon mal anfangen, unsere Reise zu planen. Charlene hat mir nämlich versprochen, mir dabei zu helfen.»

«Aber sie ist nicht aus Äthiopien.»

«Sie hat Freunde da. Und sie kennt sich überhaupt gut aus in Afrika.»

«Du magst sie gerne.»

«Sehr.»

«Auch wenn sie mit Papa zusammen ist?»

«Gerade darum. Ich freu mich über unsere wunderschöne, bunte, weitverzweigte Patchworkfamilie. Und auf dein Limonenfest morgen. Darum wäre es gut, wenn wir noch eine Weile schlafen.»

Das fand ich auch. Wir schliefen beide auf meinem Bett ein. Als ich am Morgen aufwachte, war Mama weg. Und im Laptop blinkte eine Antwort.

Liebe Ferau Yeshi, ich nach Zürich komme. Treffen um Bahnhof am 15 Uhr. Beim Treffpunkt. Ich eine Mütze, einen

Rucksack und Sandalen trage. Sie das Geld mir geben und bekommen einen Umschlag mit allen unterlagen. Die Adresse von ihrer Familie ähtiopischen ist im Quartier Bole. Dies Beweis ist für Wahrheit.

Holy Shit

«Ich geh dann mal», sagte Doro und blinzelte mir zu. Gleich darauf war sie verschwunden.

Wir waren im Artergut-Park. Die Limonen waren geschnippelt, die Eiswürfel gekühlt, das Limonenmobil stand bereit. Wir waren schnell geworden, ein richtiges Team. Bis das Publikum käme, würde es noch zwei Stunden dauern. Kamil und Lian gingen kurz nach Hause, um zu packen, Lumi und ich würden auf den Stand aufpassen.

Ich steckte eine Hand in meine Bauchtasche. Sie war violett-gelb, im afrikanischen Stil, ein Geschenk meiner Freundin Tigist. Ich nehme sie immer für die Londonreisen. Und jetzt war also das Geld drin. Die tausendneunhundertsechsundfünfzig Franken für die Travel-Chad-Challenge in einem Umschlag, der Rest daneben. Gleich würde ich Travel-Chad am Bahnhof treffen. Wenn ich daran dachte, wurde meinen Schmetterlingen übel.

Yeshi, wir verbieten es dir, schrien sie.

Sie sollten nicht so tun. Es ging um meine wichtigste Mission. Und anstatt mich zu unterstützen wie Javier, nervten sie nur rum. Darum sperrte ich sie in die Besenkammer. Haltet mal die Klappe, ihr blöden Flügler, und lasst mich mein Zeug machen. Ich holte tief Luft und ging zu Lumi.

«Ich gebe Stefano und Mo Bescheid, habe vergessen, sie einzuladen.»

Das hatte ich wirklich. Auf dem Rückweg vom Bahnhof würde ich bei ihnen vorbeigehen und sie mitnehmen.

«Easy.» Lumi grinste mich an. «Ich schaffe das gut allein.»

Alles stand unter einem guten Stern. Ich hatte niemanden anlügen müssen und Mama und Papa würden sich über das Resultat meiner *Yesherche* freuen. Javier fand es ja auch: Eine wurzellose Yeshi war doch nur eine halbe Yeshi.

Beide Hände an die Bauchtasche gepresst, lief ich los. Bis zum Bahnhof war es nicht weit. Eine Viertelstunde am Kunsthaus vorbei und durch die Altstadt. Ich erspähte Stefano vor seinem Shop, er machte wohl gerade eine Pause.

Frag ihn um Rat. Code Stefano hat dir doch schon so oft geholfen, riefen die Schmetterlinge aus der Besenkammer.

Aber da musste ich allein durch. Fand ich. Ich brauchte niemanden. Denn Travel-Chad hatte mir ja bewiesen, dass er ehrlich war. Er kannte die Adresse meiner Eltern im Quartier Bole. Ich hatte es *yesherchiert*, das Quartier gab es in echt. Niemand konnte das erfinden.

Wenn du es yesherchieren kannst, kann es auch Travel-Chad, vernahm ich Stefanos Stimme in meinem Kopf. *Vertrau keinem Fremden, Yeshi.*

Das würde ich nie tun. Haben mir meine Eltern beigebracht.

Trotzdem. Etwas ist faul an der Geschichte, meinte die Stefano-Stimme.

Du sagst doch immer, dass ich auf mein Bauchgefühl hören soll. Und mein Bauch sagt: Tu es, Yeshi. Javier findet das auch. Er trompetet lauter als du und die blöden Schmetterlinge.

Mein Lauffuß gab Gas und kurze Zeit später erreichte ich die große Halle des Hauptbahnhofs. Ich mag sie total gerne. Da sind immer so viele Menschen und über allem schwebt ein riesiger bunter Engel an der Decke. In denselben Farben wie die Blätter meines Baumstamms. Es war Punkt 15 Uhr. Unter dem großen Pfeil mit der Aufschrift *Treffpunkt* standen mindestens drei Travel-Chads. Alle glichen sie irgendwie dem Foto vom Internet, hatten helles Haar und eine grünliche Jacke. Und alle hatten eine Tasche dabei. Bloß welcher war der richtige? Mein Herz kollabierte fast. Gleich, gleich, gleich würde ich erfahren, wer meine Bauchmama war.

«Entschuldigen Sie, sind Sie Travel-Chad? Ich bin Yeshi.»

Der erste der drei Männer verneinte nur unwirsch.

Der zweite lachte. «Nein. Festland-Reto.»

Und der dritte verstand weder Deutsch noch Englisch.

Ratlos stand ich da. Sah auf die große Bahnhofsuhr. Bereits zehn nach. Ich konnte nicht ewig bleiben. In weniger als einer Stunde wollten wir anfangen mit unserem Limonenfest.

Geh zurück, Yeshi, donnerte nun plötzlich auch Javier. WAS? So ein Verräter. Hatte er seine Meinung geändert?

«Sie müssen Ferau Yeshi sein.»

Vor mir stand eine Frau, sie sah ein wenig aus wie ich, aber mit langen schwarzen glatten Haaren. War es die von der Webseite?

«Aurélie?»

Sie nickte. «Komm mit. Chad wartet auf dich», sagte sie auf Englisch.

«Okay. – Woher sind Sie?»

Sie lächelte. «From Addis. Like you.»

Nun gab es kein Zurück mehr.

Aurélie nahm mich am Arm und führte mich auf die Rückseite des Bahnhofs. Trau keinem Fremden. Aber sie ist nicht fremd. Sie ist aus Addis Abeba. Könnte sie sogar meine Bauchmama sein? «Von welchem Quartier?», fragte ich. «Wo wohnen Sie in Addis Abeba?»

Sie schüttelte den Kopf. Verstand mich nicht. Und ich wusste nicht mehr, was es auf Englisch hieß. Das ganze Englisch war mir aus dem Kopf gefallen.

Stumm gingen wir weiter. Mein Herz hämmerte. Keiner sah uns an. Keiner. Wenn ich mit meiner Mama unterwegs bin, sehen uns die Leute dauernd an. Es war ganz normal. Nicht normal war, nicht angesehen zu werden.

Sie denken, das ist deine Mama, dachte ich. Würde sie neben meiner Mama stehen und alle Leute in diesem Bahnhof müssten erraten, wer denn nun meine Mama ist, sie würden auf Travel-Chads Aurélie tippen.

Sie führte mich in das Gassengewirr hinter dem Hauptbahnhof, bis wir vor einem Hotel zum Stehen kamen.

«Money!», sagte sie und streckte die Hand aus.

«Nein, kein Geld», sagte ich und fasste an meine Bauchtasche. «Erst will ich einen Beweis. Proof.»

Das Wort kannte ich von Kamil.

Sie wurde wütend, schimpfte in einer Sprache, die ich nicht verstand. Yeshi, geh, schrien die Schmetterlinge und boxten auf die Tür ein. Auch Javier meldete sich. Sprich mit deinen Eltern. Dieser Feigling hatte seine Meinung geändert.

Aber die würden Nein sagen. Alle würden Nein sagen. Dabei war ich so nah, so nah.

«Proof! Proof, dann Money.»

Aurélie suchte in ihrer Handtasche und nahm schließlich das Foto einer Frau hervor. Sie war ganz dünn. Klein. Dunkle Augen. Dichte Wimpern. Nicht geschminkt. Zwanzig, vielleicht. Oder vierzig. Sie trug eine weiße Bluse. Sah ernst in die Kamera. Sagte ihr Blick Yeshi? Sagte er: mein Mädchen? Langsam griff ich in die Bauchtasche. Neben dem Umschlag war das andere Geld. Relias Geld. Ein Schein fiel zu Boden. Die Frau machte große Augen. Hob ihn auf und steckte ihn ein.

«You can visit her, in Addis», sagte sie. Und dann wechselte sie plötzlich auf Deutsch. «Wir können die Reise organisieren. Sie wartet auf dich.» Sie kramte in ihrer Tasche. «Hier ist ein Flugticket.»

«Wieso können Sie Deutsch?»

Sie machte ein ernstes Gesicht. «Ich wollte dich testen, herausfinden, ob du es ernst meinst. Ich kann auch Französisch, Spanisch, Portugiesisch, Libanesisch, Tigrinya und Indisch. Das ist wichtig, wenn man den Leuten bei der Suche nach ihren Wurzeln hilft.»

Sie wedelte mit dem Flugticket durch die Luft. «Na, was meinst du? Es kostet noch mal fünfhundert Franken. Das ist sehr billig, Spezialpreis. Das Taxi wartet schon.»

Sie zeigte auf ein Auto. Es war alt mit getönten Scheiben, die Autonummer war kaum zu sehen, so schmutzig war sie.

«Ist das wirklich ein Taxi?»

«Eine Limousine. Extra für dich gemietet.»

«Aber ich kann nicht allein reisen, ich bin ein Kind. Ich brauche einen Pass.»

«Da drin sitzt Travel-Chad. Er hat natürlich einen Pass für dich. Er wird dich auch begleiten.»

Ich zögerte.

«Geh ruhig.»

OMG. Würde ich ganz allein nach Äthiopien fliegen? Würde die Bauchmama mich abholen? Und mir alles zeigen?

«Du solltest jetzt bezahlen!», insistierte Aurélie. «Wir

haben nicht endlos Zeit. Die Nächsten warten bereits.»

Da klingelte Mamas Notfallhandy.

«Ich muss das annehmen.»

Es war Kamil. Er sprach ganz langsam, damit ich ihn auch sicher verstehen konnte.

«Yeshi, jemand hat mich angerufen. Er wollte dich sprechen. Ein komischer Typ. Wollte mir den Namen nicht sagen. Dann hat er aufgelegt.»

Travel-Chad. Ich hatte Kamils Nummer bei der Online-Anmeldung für die Wurzelsuche hinterlassen. Aurélie begann, an der Bauchtasche zu zerren.

«Yeshi, bist du noch da? Als ich die Nummer zurückrufen wollte, ging keiner mehr hin. Wer ist das, Yeshi? Wo bist du überhaupt? Mach keinen Blödsinn.»

Machte ich Blödsinn? Ich wollte doch nur ...

«Yeshi? Was ist los bei dir?», fragte Kamil durchs Telefon, während der Riemen der Tasche zerriss. Aus dem Auto mit den getönten Scheiben stieg ein Typ aus. Er war klein und rund. Mit Sonnenbrille. Nicht Travel-Chad.

Holy Shit, brüllte Javier. Lauf, Yeshi. Auf der Stelle drehte ich mich um, mit der Bauchtasche in der Hand, und rannte davon. Schneller, als ich je gerannt war. Fast wäre ich einem Betrügerpaar ins Netz gegangen und hätte unser ganzes Geld verloren. Was für ein Glück, dass Kamil mich genau in dem Moment angerufen hatte. Mein einziger Schaden war der Geldschein, den Aurélie geschnappt hatte. Ich werde nach Äthiopien fahren, sagte ich mir. Mit Mama, wie wir es geplant haben. Vielleicht dauert es noch einige Jahre, aber das machte nichts. Addis Abeba war eine große Stadt. Sie lief mir nicht davon. Wenn meine Wurzeln da waren, würden sie auf mich warten. Mit jedem Schritt wurde mir leichter. Ich rannte am Bahnhof vorbei, über die Brücke auf die andere Seite des Flusses. Bis zum Tattoo-Shop.

«Stefano!» Diesmal stand er im Laden.

«Yeshi! Du bist ja völlig außer dir!»

«Natürlich bin ich außer mir. Gleich gibt's nämlich eine tolle Überraschung. Und zu der wollte ich dich und Mo einladen. In einer Stunde im Artergut-Park. Code Stefano.»

Das Limonenfest

Die Sonne strahlte vom Himmel, der Park war voller Menschen und wir hatten gerade beschlossen, die Drinks gratis auszuschenken. Nur für alle Fälle hatten wir eine kleine Spendenkasse aufgestellt.

«So oder so, wir haben unser Ziel erreicht», sagte Lian und klatschte mich ab. «Good job, Yeshi, good job, Kamil.»

Lian war voll auf Wolke sieben. Er hatte gerade erfahren, dass er die Rolle im Opernhaus bekommen hatte.

«So geil. Dann kann ich dich viel öfter besuchen, Yeshi, und bleibe doch in London.»

Meine Eltern, Gian, Charlene und Lians Mama kamen in den Park. Sie staunten, als sie sahen, dass sich der wacklige Tisch vom letzten Samstag in ein Limonenmobil verwandelt hatte.

«Voll *prosefionell*», sagte ich.

Vor lauter Aufregung verdrehte ich wieder mal die Buchstaben.

«Wo ist Doro?» Schon sah Gian sich suchend um.

«Sie holt gerade etwas», erklärte ich ihm, zog mich hinter einen Busch zurück und griff zu meinem Notfallhandy.

«Doro, wo bleibst du?»

«Yeshi, er will mich nehmen», schrie Doro aus dem Hörer. Vor Aufregung sprudelten alle Worte gleichzeitig hervor.

«Wer? Ich dachte, es ist eine Sie.»

«Der Trainer vom ZFC ist ein Mann, und er war auch dabei. Er hat mir ein Angebot gemacht.»

«Hast du ihm vom Krebs erzählt?»

«Wie du mir geraten hast. Er findet, es ist kein Problem. Wenn meine Ärztin dahintersteht. Ich habe im Krankenhaus angerufen. Sie will noch mal einen Check machen und wenn der in Ordnung ist, erlaubt sie es.»

«Dann fehlt nur noch Gian.»

«Oh, du musst mir helfen, damit er Ja sagt. Yeshi, bitte, bitte.»

«Okay, Doro.» Für meine beste Freundin würde ich alles tun. Und schon hatte ich eine glitzerluftige Idee. Noch einmal rief ich beim Fußballverein an. Und wieder hatte ich Glück. Ich bekam nämlich die Talentscout-Frau an den Draht.

Nachdem das geregelt war, ging ich zu Kamil. «Können wir mit *Comfy Mood* starten, bitte. Ich muss das hinter mich bringen.»

Kamil sah mich ernst an. «Was war das für ein Typ am Telefon, Yeshi?»

Er meinte Travel-Chad. Wie konnte ich Kamil das erklären? Dafür reichte mein Englisch nicht aus.

«Nichts, Kamil», sagte ich. «Der war einfach nur falsch verbunden. Los! Die Hauptperson ist da.»

Relia war nämlich gekommen. Zusammen mit Banu und Amira, Stefano und Mo. Mo war noch runder geworden und stöhnte.

«Yeshi, hast du die Sonne bestellt? Kannst du die wegzaubern, bitte. Sonst bekomme ich mein Baby hier auf der Stelle. Weil es ihm zu heiß ist in meinem Bauch.»

«Der Termin ist erst in zwei Wochen», sagte Stefano. «Sie übertreibt mal wieder. Das hat sie von dir geerbt.»

Da musste ich ganz fest lachen und umarmte beide.

«Hallo, Frau Organisatorin.» Vor mir stand die Journalistin der Wochenendzeitung, begleitet von einem Fotografen. «Kannst du uns alles zu der Aktion erzählen?»

In dem Moment ertönte die Boombox. Buuuuuum. Der Ton brachte mein Herz zum Flattern, meine Schmetterlinge zum Gaukeln, Javier zum Schweigen und meinen Fuß zum Tanzen.

«Ich kann grad nicht, tut mir leid. Aber da hinten», ich zeigte auf Lumi an der Infowand, «ist unsere Pressesprecherin. Sie hat alle Informationen.»

Lumi war umrahmt von Kindern. Beim zweiten Mal Hinschauen bemerkte ich, dass ich sie kannte. Paul, Anil, Tobias, Julia ... fast unsere ganze Klasse. Wie die Schmetterlinge es vorausgesagt hatten. Bis auf die Krokodilmädels. Und Felix. Bevor ich darüber traurig werden konnte, nahmen mich Lian und Kamil in die Mitte.

Wir stellten uns auf.

«*Comfy mood, comfy food, comfy drinks*» boomte Kamils Melodie über den Platz. Meine Eltern kamen näher, Charlene, Lians Mutter. Da spürte ich sie, die altbekannte Angst. Vor tausend Leuten kann ich tanzen, aber mit den vertrauten Menschen wird's schwierig. Zum Glück fingen Kamil und Lian ohne mich an.

«*Lemon water, sugar swirl,*
Lemon water, peppermint deal.»

Lian drehte Pirouetten, während Kamil den Text rappte.

Er nahm mich an der Hand. «Und jetzt: meine Schwester Yeshi!»

Er hatte Deutsch gesprochen. Meine Schwester. Meine Schwester.

Ich umarmte ihn. Einen Moment standen wir ganz dicht beieinander.

«Let's dance, baby», murmelte er.

Und dann legten wir los. Noch nie habe ich so getanzt, noch nie. Es war, als ob der Himmel und die Erde in meinem Körper explodierten.

«*And all for a good cause*
For a city in ruins
Forgotten by the world.
No money, no food, no comfy mood.»

Doro und Lumi kamen dazu. Sie rappten auf Deutsch. Übersetzten, damit alle es verstanden.

«Und alles für was Gutes,
für ne Stadt in Trümmern,
vergessen von der Welt.
Ohne Geld, ohne Food, ohne Comfy Mood.»

Beim zweiten Refrain explodierte auch Kamil.

«Comfy food, comfy drink.
Lemon water, sugar swirl,
Lemon water, peppermint deal.»

Seine Zeigefinger zeigten, seine Hüfte hob sich, seine Stimme peitschte über den Platz. Worte, die wir nie geschrieben, nie geprobt hatten.

«Beirut is everywhere. In London and Zürich.
No comfy mood groove, if there is no proof.
For a better life, without people saying:
It is not your fault.
The color of your skin. Not your fault.»

Ich folgte ihm auf Deutsch.

«Nicht deine Schuld, nicht deine Schuld.

Deine Hautfarbe ist nicht deine Schuld. Sagt nie mehr, es ist nicht deine Schuld. Nehmt es an.

Jedes Leben zählt. Du bist gut, so wie du bist. Limonen für Libanon.»

Ich holte Luft. Kamil sah mich aus großen Augen an.

«Yeshi-Style», grinste er, bevor er alle zum Mittanzen animierte. Niemand ließ es sich zweimal sagen, alle bewegten sich, manche schnell, manche langsam, zusammen, allein, der ganz Park eine wogende Masse.

Mama umarmte mich. «Yeshi, ich ...»

«Kein Thema, Mama. Die Kraft habe ich von dir. Also wundere dich nicht, wenn sie rauskommt.»

Da lachte meine Mama und weinte, und mein Papa kam auch und wir heulten alle drei, unsere Familie ist eben nah am Wasser gebaut.

Irgendwann packte mich Doro. Sie hatte glasige Augen vor Aufregung und deutete auf Gian, der an der Seite stand, ins Gespräch vertieft mit einer Frau im Trainingsanzug.

«Das ist die Talentscout-Frau. Sie wollte es Gian persönlich sagen. Drück mir die Daumen, Yeshi.»

Die Musik brach ab.

«Alle mal herkommen», dröhnte Lians Stimme über den Platz.

Er hatte das Mikrofon ergriffen, sprang auf den Pingpongtisch. «Wir wollen euch unser Projekt vorstellen. *Limonen für Libanon*. Limonen für Relia, Banu und Amira.»

Es wurde ruhig. Alle hörten Lian zu, wie er das Projekt erklärte. Dann bat er Relia zu sich.

Sie schämte sich ein wenig und stieg nur auf die kleine Pingpongtisch-Bühne, weil ich sie drängte.

«Wir freuen uns, dass wir dir den Betrag von dreitausend Franken übergeben können.»

Ich hob die Bauchtasche mit dem zerrissenen Riemen in die Luft. «Das haben wir gesammelt. Für euch. Es sollte reichen für einen neuen Küchentisch, ein Bett für Banu und Amira. Und eines für dich und deinen Mann. Es gibt nur eine Bedingung, wir würden euch gerne besuchen kommen.»

Alle klatschten, der Fotograf schoss Fotos. Die Stimmung megakrassgenial.

«Das ist eine illegale Aktion», schrie plötzlich eine Stimme. «Die Kinder sind nicht autorisiert. Die Schule hat das verboten.»

Illegal legal

Wir waren alle still geworden. Der ganze Park schaute zur Treppe. Da stand Biancas Mutter. Neben ihr eine streng wirkende Frau im blauen Anzug.

«Wer ist die Organisatorin?» Sie sah zur Reporterin. «Sie?»

Sie schüttelte den Kopf und deutete auf mich. «Sie.»

«Du?» Sie wandte sich an Biancas Mutter. «Das ist ein Kind.»

Mama räusperte sich. «Und wer sind Sie, wenn ich fragen darf?»

«Brändli. Von der Stadt, Abteilung Bewilligungen. Leitende Fachangestellte.»

Meine Mama war nicht beeindruckt. «Worum geht's?»

«Wie gesagt, uns sind illegale Vorgänge gemeldet worden.»

Mama hob die Augenbrauen. «Weil Kinder ein Fest veranstalten, das ist ja interessant. Was genau ist daran illegal?»

«Für den Verkauf von Getränken auf mobilen Ständen

braucht es eine Bewilligung für Kleingewerbe. Egal ob Kinder oder Erwachsene. Haben Sie eine?»

Mama verneinte. «Die Kinder brauchen das nicht. Weil sie die Getränke gratis abgeben.» Sie drehte sich um und sah zu Lumi, Doro und den anderen. «Oder habt ihr Geld dafür verlangt?»

«Nein», schrien alle.

«Also!» Mama sah zu Frau Brändli. «Gibt es sonst noch ein Problem?»

Frau Brändli zückte ihr Handy. «Es gab eine Meldung wegen eines Getränkekarrens.» Alle folgten ihrem Blick zum Limonenmobil. Das konnten wir nicht wegdiskutieren, es stand da und sah sehr wunderprächtig aus.

«Gehört das jemandem von euch?» Sie sah in die Runde.

Ich hob die Hand, bevor Kamil und Lian es tun konnten.

«Eigentlich der Mops-Oma. Sie hat es mir ausgeliehen, samt Lola. Das ist der Hund. Die beiden sind zu Hause, total erschöpft. Wollen Sie die Adresse?»

Frau Brändli musterte mich. «Wer bist du?»

Mama stellte sich neben mich. «Meine Tochter.»

Frau Brändli sah zu mir, zu Mama und zurück. Die Frage stand ihr ins Gesicht geschrieben. Schon öffnete sie den Mund.

«Sie ist meine Herzadoptivtochter. Alles ganz legal. Wollen Sie die Papiere sehen?»

Frau Brändli blieben die Worte weg.

«Was soll das Theater.» Biancas Mam zischte, dass ihre Spucke bis zu mir flog. «Auf der Werdinsel waren sie und haben mehrere hundert Franken eingenommen.»

Mama sah mich erstaunt an. «Werdinsel? Davon weiß ich nichts.»

Na ja, das hatte ich in meiner Rede an alle erzählen wollen. «Ich erklär es dir gleich», flüsterte ich. Und laut sagte ich: «Wir waren auch auf der Landiwiese, Kasernenwiese und Bäckeranlage. Immer genau wie hier. Gratis, mit Spende.» Kamil und Lian drängten sich vor und nickten.

Mama musterte mich immer noch.

«Wann?» Aber dann gab sie sich die Antwort gleich selbst. «Ich verstehe ... darum wart ihr im Tipi.»

Ich nickte.

«Yeshi ...»

«Ich habe nicht geschwindelt, Mama, ehrlich nicht. Nur nicht so genau erzählt, weil du sonst vielleicht Nein gesagt hättest. Das wär fies gewesen, denn es war sehr cool. Du wirst es gleich hören ...»

Frau Brändli hatte sich wieder erholt und unterbrach mich. «Also gibst du zu, dass ihr Drinks verkauft habt? Mit Alkohol etwa?»

«Sie ist zwölf Jahre alt», sagte meine Mutter.

«Aber der Junge ...»

Sie meinte Kamil.

«Ist dreizehn», sagte ich schnell. «Wir People of Color wirken reifer als ihr Weißen.»

Schon wieder wusste Frau Brändli nicht, was sie sagen wollte. Dafür übernahm Biancas Mutter.

«Lassen Sie sich nicht ablenken, Frau Brändli. Sie haben Drinks verkauft.»

«Gegen Spende verschenkt. Wie die Kollekte in der Kirche. Das ist doch in Ordnung. Oder braucht die Kirche eine Bewilligung dafür?»

«Du lenkst ab.» Frau Brändli war genervt. «Es gibt eine Zeugenaussage, dass du», sie zeigte auf mich, «auf die Frage, was es koste, mit ‹Zwei Franken und Trinkgeld› geantwortet hast.»

Sie kam auf mich zu. Ich hob die Hände. So wie Kamil es mir gezeigt hatte.

«Was für Zeugen?»

Frau Brändli sah zu Biancas Mutter. Die reckte ihr Kinn und rief nach Bianca. Sofort kam sie herbei, zusammen mit Merle und Antoinette im Krokodil-Outfit.

«Die machen ein Spendenprojekt, das die Schulleitung verboten hat», petzte Bianca. «Nachdem sich Yeshi und ihre Gang einen Dreck darum gekümmert haben, habe ich meinen Cousin geholt. Komm, Neo!»

Drei Jugendliche stellten sich zu ihr. Mir fielen fast die Augen aus dem Kopf. Einer von ihnen trug eine Collegejacke und eine Sonnenbrille. Es waren die drei aus der Bäckeranlage und sie sahen plötzlich viel jünger aus als im Park.

Biancas Mam fuhr fort. «Neo hat die Limonengang die ganze Woche beobachtet. Sie müssen Unmengen an

Geld erwirtschaftet haben. Gestern dann hat er sie mit seinen Kumpels gestellt. Das ist sie doch, nicht wahr?»

«Das ist das Girl», nickte Neo. «Sie hat mich blöd angemacht. Und ich kann aussagen, dass alle Leute für die Drinks bezahlt haben. Das muss ziemlich viel gewesen sein, ihr Beutel war auf jeden Fall voller Scheine.»

«Hast du einen Beweis dafür?», fragte Frau Brändli.

«Sie meinen, ein Foto oder einen Snap?» Neo verneinte. «Ich wollte keinen Speicherplatz verschwenden. Außerdem ist der Fall klar. Sie brauchen nur die Folkloretüte zu kontrollieren. Das ist viel Kohle drin. Niemals kriegst du so viel mit einer popligen Spende.» In zwei Schritten war er bei Relia und riss ihr den Bauchbeutel weg.

Frau Brändli zuckte zusammen. «Hei, Gewalt ist hier nicht angesagt.»

Das verstand ich als Erlaubnis, mir den Beutel zurückzuschnappen. Als Neo protestieren wollte, machte ich den Funkelstarrblick, bis er wegsah.

«Wie viel Geld ist da drin?», fragte Frau Brändli.

«Ich hab's nicht so mit Zahlen.»

Sie streckte die Hand aus. «Gib es mir, bitte. Wir müssen es beschlagnahmen. Bis sich die Sache aufgeklärt hat.»

«Dürfen Sie das?» Ich zog die Karte des netten Polizisten vom Vortag raus. «Ich informiere lieber die Polizei. Die waren nämlich auch da, vielleicht haben sie sogar Neos Namen aufgeschrieben. Neo und seine Kumpels haben Kamil angegriffen. Außerdem haben sie uns rassistisch beleidigt.»

«Stimmt gar nicht», sagte Neo. «Ich wollte dir helfen.»

Da trat Kamil neben mich. Er war fast so groß wie Mama. «It's not our fault that we are Black, that's what you told us.» Und dann in schönstem Hochdeutsch. «Es ist nicht unsere Schuld, dass wir Schwarz sind, hast du gesagt. Es ist nicht unsere Schuld.»

«Als ob die Hautfarbe etwas mit Schuld zu tun hätte», sagte Lian plötzlich.

Nun trat Doro zu uns. «So was Dämliches habe ich noch nie gehört.»

Auch Lumi kam. «Ihr seid nicht mehr wert, weil ihr weiße Haut habt.»

Das war zu viel für Neo. Er gab seinen Kumpels ein Zeichen. «Zischen wir ab.»

«Nicht so schnell, Bürschchen.» Er wurde am Nacken gepackt. Wie aus dem Nichts waren Papa und Stefano aufgetaucht. «Hiergeblieben. Wie war das noch mal mit der Schuld?»

«Die lügen. Ich habe gar nichts von Schuld gesagt», knirschte Neo. «Die können nichts dafür, dass sie Schwarz sind, das hab ich gesagt.»

Papa und Stefano waren sprachlos. Mama auch. Alle. Bis auf Kamil und mich. Er stupste mich in die Seite. Dann ging ich zu Neo und sah ihm voll in die Augen.

«Du hast nichts kapiert. Nichts. Ist aber nicht so schlimm. Du kannst ja nichts dafür, dass du dumm bist.»

Ob er es jetzt verstanden hatte?

«Verpiss dich doch.» Er wand sich aus Papas

Klammergriff. «Ich zieh Leine.» Schon war er weg, die anderen beiden folgten ihm.

«Das ist ja ein schöner Idiot», sagte Felix plötzlich. Woher war er denn gekommen? Er trug sein Skater-Outfit und sah umwerfend cute aus.

«Ist das wirklich dein Cousin, Bianca?»

Bianca schnappte nach Luft. Und bei mir schlugen die Schmetterlinge Salto mortale.

«Komische Familie.» Auch Doro stand nun neben uns. «Vielleicht solltest du deinen Baumstamm noch mal überdenken, Bianca.»

Bianca hielt Ausschau nach Merle und Antoinette. Aber die waren zu Paul und Tobias geflüchtet. Plötzlich tat sie mir leid.

«Bianca, wir gehen.» Ihre Mutter riss sie am Arm. «Wir haben hier nichts mehr verloren.»

«Sie dürfen ruhig bleiben», sagte ich. «Das ist ein Fest für alle ...»

Bianca sah aus, als würde sie meine Einladung annehmen wollen. Aber ihre Mutter war dagegen. «Wir haben schon etwas vor.» Sie zog Bianca zum Ausgang.

«Moment», sagte Frau Brändli, die alles mit großen Augen verfolgt hatte. «Was ist mit der Anzeige?»

Biancas Mutter zeigte einen Stinkefinger und war verschwunden.

«Tja.» Frau Brändli wirkte ziemlich ratlos. «Dann tut es mir leid, dass ich euer Fest gestört habe. Ihr könnt weiterfeiern.» Sie drehte sich um.

«Feiern Sie doch mit uns», sagte Relia, die bis jetzt geschwiegen hatte, zu Frau Brändli. «Yeshi ist ein wunderbares Mädchen. Sie hat Geld für unsere Familie gesammelt. Damit wir unsere Wohnung in Beirut wieder aufbauen können. Mit viel Energie und Limonendrinks.»

Neben ihr standen Banu und Amira und piepsten ganz laut: «Voll der coole Yeshi-Style.»

Da klingelte Mamas Handy. Nachdem sie zugehört hatte, sah sie uns an.

«Das ist ein Polizist. Er fragt, ob wir jemanden anzeigen wollen. Eine Frau, die euch in der Bäckeranlage beleidigt hat. Was sagt ihr dazu?»

Kamil und Lian winkten ab. «Nein, easy. Sie kann ja nichts dafür.»

Als sie grinsten, nahm ich Mama das Handy weg und sprach mit dem Polizisten. «Ich möchte Ihnen gerne etwas erzählen. Von einem, der gefälschte Wurzeln sucht, er heißt Travel-Chad. Aber nicht jetzt. Jetzt feiern wir.»

Farewell, Kamil

Ich sah auf die Anzeigetafel. Noch neunzig Minuten bis zum Abflug. Neben mir stand Mama, ins Gespräch vertieft mit Charlene, während Gian mit Papa verabredete, dass er und Doro bald zu Besuch kommen würden. «Doro möchte gerne mal ein Fußballspiel im Wembley-Stadion sehen. Als Inspiration für ihre Laufbahn als Profifußballerin.»

«Das finde ich glitzerluftig.»

Papa holte seine Handy-Agenda raus und sie glichen Termine ab.

«Dann hat es Gian akzeptiert?», fragte ich Doro leise. «Deinen Fußballerinnentraum.»

Sie strahlte. «Voll abgesegnet, auch von meiner Ärztin.»

Da kamen Kamil und Lian vom Eincheckschalter zurück. Neben ihnen ging Lumi. Sie und Kamil verstanden sich super. So gut, dass sie sich dauernd auf *TikTok* private Nachrichten schrieben. Ob da was lief zwischen den beiden? Ich kam nicht mehr dazu, darüber nachzudenken.

«Mo hat ein Baby bekommen», sagte Mama und schwenkte ihr Handy in der Luft.

Mo war vom Fest gestern direkt ins Spital gegangen, weil sie Wehen bekommen hatte.

«Ein Junge», Mama strahlte, «schreibt Stefano.»

«Gratuliere, Yeshi!» Doro boxte mich in den Arm. «Du wirst Patentante.»

Vor lauter Freude machte ich einen Luftsprung.

Dann schrie Mama auf. «… und ein Mädchen. Es sind Zwillinge.»

Wir rasteten aus. Wirklich, mitten in der Abflughalle lagen wir uns in den Armen. Wie wunderbar. Erst Relias Staunen und Freude gestern, ihre Tränen, weil die Leute im Park, als sie gehört hatten, worum es ging, nochmals kräftig ins Portemonnaie gelangt hatten. So waren noch fast tausend Franken dazugekommen. Dann heute der Bericht über unser Limonenprojekt in der Zeitung. Die Reporterin hatte ein Spendenkonto angegeben. Bevor wir zum Flughafen losfuhren, war sie bei uns vorbeigekommen. Ganz aufgeregt.

«Es sind schon über zehntausend Franken. Damit kann sich die Familie auch noch eine Küche und ein Badezimmer bauen.»

Gleich darauf stand Herr Bernasconi vor der Tür. Er wollte sich persönlich bei uns entschuldigen, auch im Namen der Schulleitung. Ab sofort waren Projekte wieder erlaubt. Wir stießen mit Herrn Bernasconi und Limonendrinks an. Und dann klingelte es erneut. Sitina, Tulu und

Baby Blen. Sie kamen, um sich unsere Wohnung anzuschauen. Denn Mama hatte es hingekriegt, wir würden die größere nehmen und Sitina unsere Zweizimmerwohnung. *Win-win*, wie Mama sagte. Da hatte Papa angerufen.

«Wo bleibt ihr, Yeshi? Ihr kommt sonst zu spät.»

Mama und ich hatten gelacht und waren losgedüst. Manche Dinge ändern sich nie.

«Achtung. Die Fluggäste werden dringend ans Gate gebeten.»

OMG. Vor lauter Feiern hatten wir die Zeit vergessen. Nun ging alles ganz schnell.

Papa drückte mich. «Bis zu den Sommerferien, Yeshi. Es sind ja nur ein paar Wochen. Dann wartet ein Geschenk auf dich.»

«Echt?» Ich hielt die Luft an. «Das Handy?»

Papa grinste. «Längst gekauft. Du musst es einfach abholen.»

«Ich überlege es mir.» Ich grinste zurück. «Eigentlich bin ich mit dem Notfallhandy ganz zufrieden.»

Papa gab sich erstaunt. «Du meinst, ich soll es Kamil schenken?»

«Ja nicht.» Ich gab meine coole Haltung auf. «Natürlich will ich es haben. Ich komme, gleich in der ersten Woche. Tschüss Papsipaps.»

«Tschüss Yeshi, mein Mädchen.»

Charlene gab Papa einen Klaps. «Wir müssen uns beeilen.» Und mir einen Hug. «It was a pleasure, Yeshi.»

Die beiden gingen winkend zur Passkontrolle.

Nun war Lian an der Reihe. Er wirbelte einmal um mich herum.

«Hör auf», sagte ich. «Voll peinlich.»

Er endete in einem großen Sprung, warf sich den Schal um den Hals und rannte hinter Papa und Charlene her. «Bye, Yeshi, bis bald. Schon in zwei Wochen bin ich wieder da. Für meine erste Probe.»

Plötzlich umfassten mich zwei Arme. Kamil. Er drückte mich ganz doll. So doll, dass ich fast keine Luft mehr bekam. Dann nahm er mein Gesicht in seine Hände. «Bye, sister.»

Ich spürte die Tränen unter meinen Augenblättern. Lumi neben mir wischte sich über die Wangen. Nur Doro blieb cool.

«Hört auf mit dem Geheule, Mädels. Gehen wir nach Hause.»

Da piepte mein Notfallhandy. Ein Anruf. Von einer unbekannten Nummer. Oh nein, war das der Polizist? Morgen würde ich ihm alles erzählen, aber nicht heute.

Hei, Yeshi. Hier ist Felix. Hättest du Lust? Heute um fünf im Artergut-Park. Auf ein Limoneneis.

Meine Schmetterlinge kollabierten.

Nachwort

In der Schreibweise unterscheiden wir mit der Großschreibung von Schwarz und der Bezeichnung People of Color/PoC Menschen, die von Rassismus betroffen sind, von weißen Menschen, die nicht von Rassismus betroffen sind. Schwarze Menschen wie Yeshi und Kamil drücken damit aus, dass sie sich zu einer Gruppe von Menschen zählen, die aufgrund ihrer Hautfarbe Erfahrungen mit Rassismus machen. Mit Schwarz ist nicht die Farbe Schwarz gemeint, darum wird es mit großem *S* geschrieben.

Dank

Wie jedes Mal gilt mein größter Dank meiner Tochter Samira. Ohne dich gäbe es Yeshi nicht. So einfach ist das. Ohne die tägliche Inspiration durch dich hätte ich nicht die Tiefe und nicht die Leichtigkeit, nicht die Sensibilität und nicht den Mut. Danke, my Girl!

Und DANKE, DANKE, DANKE an Katrin und Paula vom Arisverlag, an Henning und Lynn von der Grafik- und Coverfront, an Viktoria vom Lektorat, an alle anderen des Teams. An meine Erstlesenden Samira, Barbara, Magdalena. An meine Familie, an Franz, Flo und Beni. An Rüdiger und Ann Marie und das ganze TZ-Team, die Yeshi nun auch auf die Bühne bringen. An Saana Lou, deren Yeshi-Zeichnung einfach glitzerluftig ist. An all die vielen Kinder und Lehrpersonen, die ich auf den unzähligen Schullesungen treffe. An alle Institutionen, die uns unterstützen. Und danke an euch, liebe Lesende, Erwachsene, Jugendliche, Kinder. Eure Geschichten, eure Briefe, eure Mails berühren uns immer wieder von Neuem.

Gabriela Kasperski, im März 2022

Gabriela Kasperski
Einfach Yeshi

—

Kinderroman, ab 8 Jahren
ISBN: 978-3-907238-00-4

—

Yeshi hat ein großes Flatterherz. Einen Tanzfuß. Und tausend Ideen im Kopf. Der manchmal steinfelsbetonhart sein kann. Vor allem, wenn die fiese Doro sie Kackbohne nennt. Ob das der Grund ist, dass Yeshi keine Freunde hat? Liegt es daran, dass Yeshis Eltern sich trennen? Oder vielleicht an ihrer Hautfarbe?

Als sich Yeshi eines schönen Sommertags von einer Flüchtlingsfamilie mitreißen lässt, beginnt eine abenteuerliche Reise. Bald schon gesellt sich ein kleiner Mops dazu, die nicht mehr so fiese Doro und Lian aus Yeshis Klasse folgen. Dann ist da noch ein Tätowierer. Und ganz wichtig: die pfefferminzgrünen Turnschuhe!

Gabriela Kasperski

Agentin Yeshi

—

Kinderroman, ab 8 Jahren

ISBN: 978-3-907238-05-9

—

Yeshi will die Hauptrolle im Weihnachtsmärchen spielen. Prinzessinnen sind weiß, sagt Liv, die Beliebteste der Klasse. Mit ihrem steinfelsbetonharten Kopf, ihrem Tanzfuß und dem Flatterherz will Yeshi das Gegenteil beweisen. Pech nur, dass Yeshi sich dabei mit ihren besten Freunden Doro und Lian verkracht. Außerdem stellen sich ihr die geheimnisvolle Guccifrau in den Weg, der Mann mit der Kapuze und Influencerin Lilapurple aus dem Internet, die Yeshi überredet, ihre braune Haut zu bleichen. Aber Yeshi lässt sich nicht aufhalten und probt heimlich ein eigenes Märchen, Yeshi-Style. Dafür braucht sie ihre Freunde. Kann Yeshi sie von ihrem Plan überzeugen?